中华文明探源
辽宁考古科普丛书

石坚⊙主编

红山古国 文明曙光

雷广臻 等⊙著

沈阳出版发行集团
沈阳出版社

图书在版编目（CIP）数据

红山古国 文明曙光 / 雷广臻等著. —沈阳：沈
阳出版社，2024.3

ISBN 978-7-5716-3791-0

I. ①红… Ⅱ. ①雷… Ⅲ. ①红山文化—文化研究
Ⅳ. ①K871.134

中国国家版本馆CIP数据核字（2024）第007053号

出版发行： 沈阳出版发行集团丨沈阳出版社
　　　　　（地址：沈阳市沈河区南翰林路10号　邮编：110011）

网　　址： http://www.sycbs.com

印　　刷： 辽宁泰阳广告彩色印刷有限公司

幅面尺寸： 170mm×230mm

印　　张： 15

字　　数： 220千字

出版时间： 2024年3月第1版

印刷时间： 2024年3月第1次印刷

责任编辑： 萧大勇　张　晶　李　巍

封面设计： 琥珀视觉

版式设计： 刘　迪

责任校对： 黄　莹

责任监印： 杨　旭

书　　号： ISBN 978-7-5716-3791-0

定　　价： 60.00元

联系电话： 024-24112447

E-mail： sy24112447@163.com

本书若有印装质量问题，影响阅读，请与出版社联系调换。

《中华文明探源——辽宁考古科普丛书》

编 委 会

《红山古国 文明曙光》

编 委 会

编 写 组

《中华文明探源——辽宁考古科普丛书》

序 言

　　中华文明是世界四大文明之一，延绵至今未曾中断，在人类文明史上占有独特而重要的地位。2022 年 5 月 27 日，习近平总书记在十九届中共中央政治局第三十九次集体学习时讲话强调："中华文明源远流长、博大精深，是中华民族独特的精神标识，是当代中国文化的根基，是维系全世界华人的精神纽带，也是中国文化创新的宝藏……中华文明起源，不仅是我国学者潜心研究的重大课题，也是国际学术界持续关注的研究课题。经过几代学者接续努力，中华文明探源工程等重大工程的研究成果，实证了我国百万年的人类史、一万年的文化史、五千多年的文明史。"

　　中华文明的优秀基因融入了中华民族的血脉，塑造了中华民族的思想品质和价值观。研究阐释中华文明起源、形成和发展的历史脉络，做好我国"古代文明理论"和中华文明探源工程研究成果的宣传、推广、转化工作，加强对出土文物和遗址的研究阐释和展示传播，彰显中华文明的成就和对人类文明作出的伟大贡献，对于增强民族历史自信和文化自信，实现中华民族伟大复兴具有重大现实意义和深远历史意义。

　　中华文明探源工程自 2004 年启动以来，以辩证唯物主义和历史唯物主义为指导，以考古发掘和多学科结合研究为基本方法，开展了广泛系统深入的研究，使我们对中华文明的起源、形成、发展的历史脉络，对中华文明多元一体格局的形成和演化进程，对中华文明的特点及其形成原因等，都有了更为明晰的认识。这为辽宁实施中华文明探源工程提供了遵循方法。

习近平总书记深刻阐述和概括了中华文明的五种突出特性：连续性、创新性、统一性、包容性、和平性。这五种特性在辽河文明中表现得尤为明显，体现出密不可分的关系。辽宁沃野辽阔、物产富饶；南濒大海，西接草原，既是东北与华北连接的咽喉之地，又是多民族聚居融合之地，也是东西文化的交汇之地。距今50万年前的人类活动，距今26万年的古老型智人化石表明，辽宁是东北亚古人类的连续演化区。辽宁新石器时代考古发现表明，作为中国六大文化区系之一，这里是中华文明的重要起源地。辽宁从来都不是文化荒芜之地，这里是旧石器时代晚期以后先进文化勃兴的沃土，是华夏民族记忆中的北土、文化的北延。在漫长的嬗变、发展过程中，辽宁逐渐形成了特有的文化面貌和文明进程。

自新石器时代晚期以来，来自中原、西方、北方草原等不同区域的族群及其文化汇聚在这里，这里成为多族群活动、多文化融合的舞台。在中华民族及中华文明形成与发展的漫长历史进程中，辽宁始终是极具标志性的重要地域。辽宁也因此保留着大量的文明遗存和文化遗迹，这些遗存、遗迹记录了辽宁曾经的文明传承和文化成就。把这些呈现、普及给大众，功在当代，利在千秋。

辽宁最具标志性的考古发现是距今5000年前后，地处辽宁西部的红山文明在中国诸多传统文化区中最早显现出"文明的曙光"，成为中华文明有明确谱系可追寻的"直根系"。红山文化不仅体现了古人的智慧和中华民族源远流长的和平、求同、共生的民族精神追求，且开创了中华文明起源的"红山模式"。

2023年是辽宁全面振兴新突破三年行动的首战之年。辽宁省社科联以传承发展辽宁历史文化为着力点，全面推进中华文明探源工程，在认真组织调研、征求相关专家学者意见的基础上，组织省内权威专家学者编写了《中华文明探源——辽宁考古科普丛书》，通过

《找寻失落的记忆——走近考古 考古辽宁》《红山古国 文明曙光》两分册，揭示辽宁考古学文化的丰富内涵和对中华文明起源、发展作出的重大贡献，展现辽宁考古的丰硕成果，提升辽宁大众的历史自信与文化自信，为打好打赢新时代"辽沈战役"注入新的精神动力。

辽宁厚重的文化积淀为《中华文明探源——辽宁考古科普丛书》的编写提供了丰富的内容支撑。丛书力求以生动呈现、全面普及建立在考古学基础上的辽宁史前文化为出版宗旨，系统阐释辽宁文明的丰富内涵和起源发展的艰辛历程，揭示辽宁文明是中华文化的重要来源及其不可分割的组成部分，进而丰富中华民族文明史，并为中华文明起源、形成和发展过程的研究提供"辽宁范式"。

《中华文明探源——辽宁考古科普丛书》出版过程中，组织者、编写者、出版者及相关部门倾力尽智，几易其稿，确保历史脉络清晰、考古遗存完备、史料丰富完整、评价明晰准确、语言生动流畅、科普效果突出、时代价值阐释精当充分，在此一并表示衷心感谢。由于丛书编写时间紧、人员多，在写作风格和内容衔接等方面，还存在诸多不足，期盼读者批评指正。

辽宁省社会科学界联合会

2023 年 10 月

序言

前　　言

　　红山文化是中国北方新石器时代著名的考古学文化，是研究中华文明起源的重要内容。20 世纪初，这一类型的古文化遗存最早发现于内蒙古自治区赤峰市郊区的红山之后。1954 年，考古学家尹达将其正式命名为"红山文化"。红山文化遗址主要分布于大兴安岭南端与燕山北麓之间，西跨滦河，东到辽河，南至渤海，北达西拉木伦河及其支流以北区域，分布区域初步计算约 25 万平方公里。

　　辽西地区是红山文化遗址的重要分布区，最具代表性的是东山嘴和牛河梁红山文化遗址。牛河梁遗址发现了坛、庙、冢巨型礼仪建筑群以及数量众多、造型精美的玉器等遗物，以确凿而丰富的考古学资料证明，早在 5000 年前的红山文化晚期，社会形态就已经发展到初级文明的古国阶段，为中华文明起源提供了有力物证。同时，红山文化作为中国文化的"直根系"，也对中国上古时代的社会发展史、传统文化史、思想史、宗教史、建筑史、美术史的研究都产生了重大影响。

　　2022 年，辽宁省社会科学界联合会（以下简称省社科联）为了深入学习贯彻习近平总书记在中共中央政治局第三十九次集体学习时的重要讲话精神，贯彻落实辽宁省委关于实施中华文明探源工程的具体要求，研究决定组织编写一系列相关题材的普及读物，并将红山文化普及读物的编写任务委托给朝阳师范高等专科学校（以下简称朝阳师专）。

朝阳师专地处红山文化遗址密集分布的核心区，设有红山文化研究机构，拥有一批热爱红山文化的研究者。多年来，研究团队扎根辽西红山文化沃土，充分利用地缘优势，坚持以研促教、教研结合，持续推进红山文化相关研究，取得了多项优秀成果，产生了一定社会影响，成为国内红山文化研究的一支重要力量。中共辽宁省委宣传部确定朝阳师专为"红山文化研究重点建设学科"承办单位；省社科联批准朝阳师专为"辽宁省红山文化研究基地"和以红山文化为主要研究方向的"辽宁省历史文化研究基地"。基地自成立以来，在首席专家雷广臻教授的带领下，成员共计出版红山文化相关著作8部，发表论文100余篇，参与中华文明探源工程（第二阶段）红山文化玉器工艺研究，主持并完成省级科研立项25项；参与举办"牛河梁红山玉文化国际论坛""苏秉琦百年诞辰暨牛河梁红山文化遗址发现30周年纪念大会""牛河梁遗址考古发掘学术讲座"等大型学术活动；多年来连续参与辽宁省社科学术活动，举办七届红山文化学术研讨会，邀请知名学者专家来朝阳讲座；与国内高校、科研院所和博物馆开展交流与合作；坚持在高校面对师生讲授红山文化课程，在社会面对群众举办红山文化讲座和科普活动，使红山文化走进课堂、走向大众；在《光明日报》《大公报》《社会科学报》《辽宁日报》等重要媒体发表文章，公布研究成果，服务社会公众；形成咨询建议、提案、内参等，为省市政府提供决策参考；同时将研究成果服务于地方经济社会发展，组建专家服务团队，为开发红山文化旅游资源、设计旅游产品等提供学术支撑，获评朝阳市"千名专家进园（景）区活动"突出贡献专家团队称号。

党的二十大报告指出，文化是民族生存和发展的重要力量。因此必须随着时代的发展而发展，必须坚持推陈出新、守正创新。作为红山文化腹地的高校和研究机构，我们以研究、弘扬和传承红山文化为己任，积极推动考古成果大众化，把跨越时空、富有永恒魅力、具有当代价值的红山文化精神挖掘出来，通过人民群众喜闻乐见的方式展示出来，不断提高中华优秀传统文化的影响力。在此思想的指导下，朝阳师专红山文化研究团队完成本书的编写。

本书不同于传统学术著作的写法，以发现、评介、推广红山文化为主线，以苏秉琦等当代考古学家发现和研究红山文化、引领社会认知为灵魂，以展示红山文化的基本内容为主要任务，力求故事性、科普性、学术性兼备。本书图文并重，以文释图，以图释文，使没有到过红山文化遗址的读者也能有身临其境的感觉。全书共分七章。

第一章主要讲述辽西朝阳地区发现了具有"中轴线"布局的东山嘴红山文化遗址，引起苏秉琦先生的密切关注和高度评价。从此，中华文明起源研究的地理范畴由中原扩展到辽西地区。

第二章主要讲述苏秉琦先生基于东山嘴遗址的考古发现，推测附近应该有更大的遗址。结果预言成为现实，考古工作者发现了牛河梁红山文化遗址。本章重点介绍了牛河梁遗址下层积石冢的发掘情况。

第三章主要讲述牛河梁遗址的女神庙及庙后山台。详细分析女神庙的功能和出土文物。按照发现和研究的时间顺序，介绍了不同阶段山台的基本情况。

第四章主要讲述牛河梁遗址的上层积石冢及其出土文物。这一时期，红山先民采用了与下层积石冢时期不同的理念和方式修筑上层积石冢墓葬，反映当时的社会发生了重大变革。

第五章主要讲述红山文化的祭坛，介绍了东山嘴、牛河梁两处祭祀中心遗址的祭坛，展示了红山人通过祭坛祭祀天地等生存环境的原始信仰。

第六章主要讲述苏秉琦先生为东山嘴红山文化遗址和牛河梁红山文化遗址的精准定位，提出红山文化是中华古文化的直根系、是中华文明的新曙光等重要论断。

第七章主要按照苏秉琦先生的思路讲述了红山古国的人口、范围、环境、通婚、社会组织等情况。辽宁省红山文化的考古新发现，以及朝阳、赤峰两市推动红山文化遗址申报世界文化遗产的情况。

本书为了满足读者进一步深入了解红山文化的阅读需求，每章在正文之后设有两个延伸阅读材料。正文的叙述和观点均是学术界普遍认可的，不采用有争议的或争议较大的观点。对于一般的读者，需求是了解红山文化的基本情况，可以只阅读正文部分；对于想做进一步深入理解红山文化的读者，可以去阅读延伸阅读材料。延伸阅读材料一般也是采用学术界普遍认同的叙述和观点，但也保留了个别的实在不忍割舍的内容，相信读者自有甄别。

本书在辽宁省社科联的领导和资助下完成，得到朝阳市社科联、牛河梁遗址博物馆、喀左县博物馆的大力支持，朝阳师专领导和相关部门同事给予了有力帮助，是各种社会合力凝聚的成果。借此，向省社科联和各支持单位表示感谢！向编委会和编写组成员道一声辛苦！

辽宁省红山文化研究基地负责人　王丽颖

2023 年 10 月

红山文化是一座宝库。本书按红山文化重要遗址地上建筑物营建的顺序和红山文化本身的逻辑结构，用七章篇幅展示了这座宝库。怎样打开它？本书用了四把钥匙。

第一把钥匙：红山文化存续时间长，遗址较多，而只有红山文化后期的典型遗址代表了红山文化的面貌和高度。本书以东山嘴和牛河梁遗址为典型遗址探讨红山文化，避免了面面俱到的繁杂，且能把红山文化的精髓突显出来。

第二把钥匙：关注和研究红山文化的人众多，立论角度不同，观点不一，本书以红山文化第一人苏秉琦的立论为主要依据，站在了红山文化研究巨人的"肩膀上"；且以苏秉琦先生关注、研究东山嘴和牛河梁遗址的学术活动为主线，形成关于红山文化的有情节、有故事的一个整体叙述。

第三把钥匙：红山文化是一种考古学文化，从地下和地表出土的文物虽然与今天的人们息息相关，但见到实物的人很少，为了让读者有身临其境的亲切感，作者配合书中重要内容绘制了图片，期望以图释文，以文释图，增强图书的可读性。

第四把钥匙：由于本书写作目的和结构完整性需要，不可能把关于红山文化的所有文物和研究结论都摆出来，这可能使一些有特殊需要的读者感到意犹未尽。为了满足这些读者的需要，作者刻意在每章的后边附了相关的延伸阅读材料，提供延伸思考的线索。另外在书末列举了"参考文献"，也是延伸阅读的线索。

目　　录

　　红山文化的人物雕塑稀少而珍贵，是研究红山古国社会发展进程的重要实物证据，也是红山古国时代人性觉醒的体现。本书封面的玉质人物雕塑尤为难得。这件玉人出土于牛河梁遗址第十六地点中心大墓，是目前牛河梁地区唯一的一件玉雕人像，非常具有代表性。玉人神态庄重，双手向上抚于胸前，以虔诚的姿态向天地和祖先祈祷。封底的鸟兽纹玉佩蕴涵中华传统文化的龙凤文化和阴阳文化，郭大顺先生指出红山文化是"龙凤呈祥"，辽河流域的龙凤文化当属中国龙凤文化起源系统中的主干之一。两件玉器反映了红山古国时代的核心内涵以及中华礼仪文化的源头，对应封面的四句话中的敬天法祖、崇龙尚玉和天人和谐，也是古国文明的重要象征。

一部红山文化，从哪里说起？本书以"红山文化的惊人发现"开篇，讲述因为辽宁东山嘴红山文化遗址的考古发现，红山文化的重大价值再次突显，引起世人的广泛关注和学者的高度重视，因而成为今天世人瞩目的红山文化。

　　辽宁东山嘴红山文化遗址的惊人发现具有里程碑的意义。这种里程碑的重大意义和历史价值最早被著名考古学家苏秉琦先生揭示出来。苏秉琦先生是红山文化第一人。

　　本章在红山文化研究中第一次结合考古报告，按时间先后顺序，对东山嘴遗址进行了解剖。后来在红山文化区发现的同时期的红山文化遗址，大体经历了与东山嘴遗址相同的过程，阅读本章可以"举一反三"。

　　辽宁东山嘴红山文化遗址的发现和发掘引出了著名的牛河梁红山文化遗址，标志红山文化发现和研究的新时期到来了。

　　阅读本章，是循序渐进走进红山文化的第一道门，上述问题都可能在本章中找到答案！

红山古国
文明曙光

第一章　辽宁朝阳红山文化的惊人发现

　　伟大的科学家爱因斯坦曾经说过，探索真理比占有真理更为可贵。红山文化就是在探索中有了惊人发现，并且在惊人发现中探知了中华文明的曙光。红山文化的探索过程更为可贵，了解这个过程如同打开一个古老文明的宝库，不仅会收获满满，而且会给你想象不到的惊喜和多方面的启迪。

　　红山文化是中国北方新石器时代的考古学文化类型，距今6500-5000年。遗址分布区域约为20多万平方公里，地理范围位于大兴安岭南端与燕山北麓之间，西跨滦河，东到辽河，南至渤海，北达西拉木伦河及其支流以北区域。自20世纪70年代起，辽宁西部的朝阳市不断发现新的红山文化的重要遗址，披露出红山文化与中华文化起源、中国文化传统起源的重大关联和学术价值。这些层出不穷的新发现使红山文化真正"红"了起来。

第一节　东山嘴红山文化遗址的重大发现

　　引人注目的重大发现首先来自朝阳市喀喇沁左翼蒙古族自治县

(以下简称喀左县）的东山嘴红山文化遗址。这里第一次发现了具有明确祭祀性质的红山文化遗存。与以往的红山文化遗址不同，这里不是一般的居住址，也不是一般的墓地，而是一处祭祀性质的红山文化遗存。自古人们以天、地、人（祖先）为祭祀对象。《史记·礼书》也说："上事天，下事地，尊先祖而隆君师，是礼之三本也。"东山嘴红山文化遗址主要是祭祀祖先，兼祭其他。"明确"是什么意思？不是推测，也不是书面论证，而是用发现的遗址及实物证明，确定无疑是祭祀遗址。

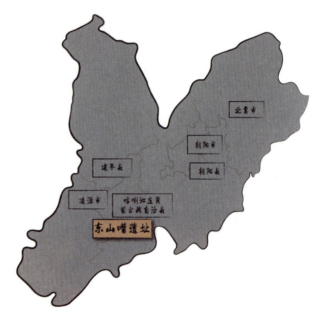

图 1-1 东山嘴遗址区位示意图 （徐兴楠 作）

东山嘴遗址位于辽宁省朝阳市喀左县东山嘴村北的山梁上。遗址南北长约 60 米，东西宽约 40 米，海拔高度 353 米。遗址保护范围 1.8 公顷，建设控制地带 27 公顷。遗址东南方向隔着大凌河，面对马架子山口，视野开阔，地形独特而壮观。年代为距今约 5500 年。

以东山嘴红山文化遗址为缘起，考古工作者很快就在凌源和建平两县交界地带发现了牛河梁红山文化遗址。牛河梁红山文化遗址是由东山嘴红山文化遗址引出的。东山嘴遗址有"导引"之功。东山嘴、牛河梁这两个红山文化遗址先后被发现，轰动了中国和世界的学术界。因为这两个重要遗址的重大发现，"红山古国""文明曙光"被叫响，红山文化与中华文明起源这一重大课题也紧密联系在一起，掀起了一浪高于一浪的中华文明起源的探索高潮。

东山嘴红山文化遗址位于朝阳市喀左县大城子镇以东2公里的地方。那里有一座山，因为位于城之东，叫东山。东山朝向大凌河，有一块坡地向大凌河曲折的V形谷地凸出，当地人叫东山嘴。

图1-2 东山嘴遗址所在位置示意图 **（徐兴楠** 作）

东山嘴红山文化遗址北高南低，稍有倾斜，但地势开阔，且突出于四周山地。辽西的母亲河大凌河从山嘴南边流过，山嘴对过为马架子山的山口。

随着考古调查活动的开展，红山文化遗址不断被发现，发掘和研究工作有了新的基础。考古工作者最初把东山嘴遗址当成普通的红山文化遗址来发掘，期待它会丰富以往的红山文化研究内容。直到有一天在东山嘴遗址考古现场发现了祭坛和两头雕龙头的玉器

（双龙首玉璜），以往的认识被彻底改变了。这不是一般的红山文化遗址！后来，著名考古学家苏秉琦先生说："80年代初，我们获悉辽宁喀左东山嘴发现红山文化后期祭坛遗址时，感到吃惊。"（苏秉琦：论仰韶文化，《中原文物特辑》，1986年。）能让苏秉琦先生感到"吃惊"，一定有前所未有的重大考古事件发生了。现在就让我们追随苏秉琦先生的思路，一起来探索红山文化。

图 1-3　东山嘴遗址祭坛
彩绘图　（王国栋 作）

图 1-4　东山嘴遗址祭坛
线图　（丁佳倩 作）

　　东山嘴遗址祭坛，位于整个遗址南部，正圆形，直径2.5米，边缘砌筑整齐，内铺一层大小相近的小河卵石。

图 1-5　双龙首玉璜彩绘图（刘迪 作）

图 1-6　双龙首玉璜线图（刘迪 作）

　　喀左东山嘴红山文化遗址出土。淡绿色玉，长4厘米。两端各雕刻一龙首，吻部前伸，上唇翘起，口微张，目作菱形框，身饰瓦沟纹。中部对穿一孔。这一发现证明红山文化有成熟的龙形玉器，东山嘴遗址不是普通的红山文化遗址。

苏秉琦（1909-1997），河北高阳人，曾任中国考古学会理事长，著名考古学家，新中国考古教育主要创办者之一，考古学的奠基人、指导者。早年主要参加、主持河南、河北、陕西等地考古调查和遗址发掘，"从一种古器类（瓦鬲）研究到一种考古学文化（仰韶）研究"。20世纪80年代以后，侧重于连接中原与北方两大文化区系，即仰韶文化与红山文化的关系研究，尤其注重辽西红山文化坛庙冢遗迹的新发现。苏秉琦先生著作颇丰，他提出的考古学文化区系类型和中华文明起源的系统观点，尤其对东山嘴红山文化遗址和牛河梁红

图1-7　苏秉琦画像（陈灵美 作）

山文化遗址的重要论述，今天仍然是研究和诠释红山文化的主导思想。

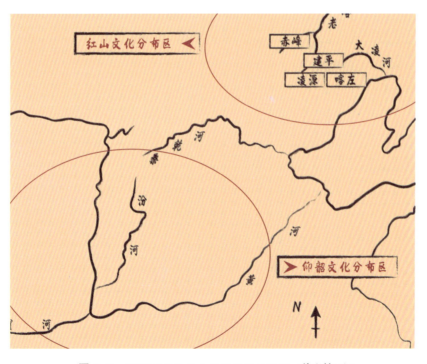

图1-8　苏秉琦先生考古关注区域示意图（徐兴楠 作）

多年来，苏秉琦先生就像考古学界的雄鹰（当时考古学界对苏秉琦先生的尊称），在中国考古学界的天空盘旋、巡视，寻找中国文明起源的重要线索。"盘旋、巡视"的意思是他已经在许多地方驻足过，在许多地方找寻过，在东山嘴遗址发现之前逡巡而不得，踏破铁鞋，东山嘴遗址发现之后柳暗花明。苏秉琦先生为东山嘴遗址的发现而"吃惊"，因而将目光聚焦在朝阳这片古老的土地上。

苏秉琦先生是怎么关注到东山嘴遗址的呢？当时他的学生郭大顺（当代著名红山文化考古学家）在辽宁从事考古工作，一直与苏先生保持联系，在书信往来中首次提到东山嘴遗址的发现。东山嘴遗址发掘后，郭大顺先生的北大校友、民族考古学家、北大考古文博学院教授李仰松先生受苏秉琦先生委托到东山嘴遗址进行了考察。李仰松回到北京后向老师苏秉琦先生汇报了在东山嘴遗址的所闻所见。苏秉琦先生初步得到了关于东山嘴遗址的第一手材料。

1982年，考古学界在河北蔚县三关遗址召开考古现场会，观摩新石器时代蔚县三关遗址的发掘遗存等，重要的是有体现南北文化交汇的珍贵资料：同一地点既发现了仰韶文化庙底沟类型的彩陶盆，也发现了具有红山文化特点的彩陶罐。会上，郭大顺先生介绍了东山嘴遗址的发现，讲到遗址面对河川和大山山口，石头建筑址南圆北方，有中轴线布局等。苏先生更加觉得这些发现不寻常，可能有助于追溯蔚县三关遗址发现的来源。他立即提出，下次考古现场会在辽宁朝阳召开，一定要亲眼看看东山嘴遗址。

有一个细节可以看出苏秉琦先生格外重视东山嘴遗址。在他的办公室里放着一个纸箱，里面装着仰韶文化庙底沟类型彩陶盆、具有红山文化特点的彩陶罐。这两件陶器，一直放了近一年。

回顾苏秉琦先生的学术生平，他勤奋的一生中用40多年时间在河南、陕西和河北等地盘旋、巡视，奔波于考古工地，辗转于书桌前，苦苦求索，寻找中国文化之根，终于在中国北方喀左发现了红山文化祭祀遗址，看见了中华文明冉冉升起的曙光，找到了中国文

图 1-9　仰韶文化庙底沟类型彩陶盆与红山文化彩陶罐绘图（刘迪 作）

　　河北省蔚县三关遗址发现了仰韶文化庙底沟类型玫瑰花纹饰的彩陶盆和红山文化龙鳞纹彩陶罐共存的现象，说明红山文化向南发展，与北上的仰韶文化在今张家口地区接触，产生了碰撞和交流。

化之根。这些预示着考古学界的一个黄金时代到来了！红山文化的文明曙光已经光亮耀眼地跃出地平线！

第二节　东山嘴红山文化遗址的价值

　　苏秉琦先生认为东山嘴红山文化遗址的价值无与伦比。前所未有，当今罕见。为什么？因为在东山嘴遗址发现了以往中原地区考古学遗址所没有过的、更有价值的遗迹遗物，同时这些遗迹、遗物在以往的红山文化遗址中也未发现，具有石破天惊的重大意义。"女娲炼石补天处，石破天惊逗秋雨"。

　　话还要说回来。当时的考古学家们根据什么判定东山嘴遗址为红山文化类型呢？参考以前在赤峰等地发现的红山文化遗存，重要特征之一有泥质陶和彩陶。20 世纪 70 年代末至 80 年代初，辽宁省进行了第二次文物普查，在朝阳市东山嘴等地发现了红山文化的泥质陶片和彩陶片，因此确定东山嘴为红山文化遗址。

　　古人用黏土或陶土加水和成泥，再经捏制成形后烧制而成的器具，叫陶器。2012 年，在中国江西省的仙人洞遗址发现了迄今为止世界上最古老的陶器，距今约为 2 万年到 1.9 万年前。陶器的出现，完成了食物由直接烧烤到由器皿做媒介烹煮的革命性转变，常常是某种考古学文化在某个时期的标志物。由于陶器具有这种连续性和阶段性表现出自身特点的性质，考古学界常用陶器来区分考古学文化类型和判断某种考古学文化的时代（或时期），即"断代"。

红山文化重要的陶器主要有泥质陶、夹砂陶和彩陶等。红山文化时期的人们精心选择陶土，并且淘洗掉土中的杂质，这种经过选择、淘洗陶土而制作的陶器称为泥质陶，又叫细泥陶。特意在陶土中掺入一定数量的砂粒和其他碎末制作而成的陶器为夹砂陶。这两类红山文化陶器的纹饰主要为压印、压划的之字纹、弦纹等。在打磨光滑的红色陶坯上，以天然的矿物质颜料进行描绘，用赭石和氧化锰作呈色元素，然后入窑烧制而成的陶器称为彩陶。彩陶制作精美，质地细腻，因为烧制前绘色彩于陶胎，故焙烧后色彩和陶胎紧密结合。

对东山嘴遗址的发掘结果验证了先前文物普查的结论。主持发掘工作的郭大顺、张克举在发掘简报中描述：东山嘴红山文化遗址"陶质以泥质红陶数量最多，约占 80%，多为壁较厚的粗泥陶，细泥陶少。次为夹砂灰褐陶和夹砂红陶，磨光泥质黑陶和泥质灰陶也有一定数量""陶器中大量出土的泥质红陶钵、盆、瓮、小口罐类，器身饰压印之字纹、底饰席纹的夹砂直筒形罐，都具有红山文化特征。器内彩的盖盆、无底筒形器、镂孔瓶形器、泥质黑陶圈足器、三足小杯，以及涂朱、方格纹的出现，则为一般红山文化遗址少见或不见。可以初步判定，东山嘴遗址既具有红山文化基本特征，又有自己的鲜明特点"。[（郭大顺、张克举：辽宁省喀左县东山嘴红山文化建筑群址发掘简报，《文物》，1984（11）]

考古学家从与之前的红山文化遗址出土陶器的对比中，从泥质陶和彩陶的特点确定了东山嘴遗址的红山文化性质。

出于考古学文化的规定性、连续性和对比需要，东山嘴遗址发

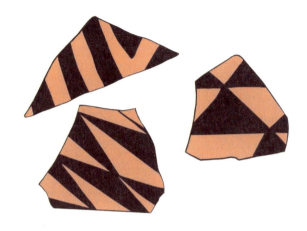

图 1-10 红山文化彩陶残片上的几何纹绘图 （**刘迪** 作）

红山文化彩陶多为红陶黑彩，主要纹饰有几何纹、勾连花卉纹、垂鳞纹和其他纹饰等。

现之前的红山文化遗址自然要纳入人们的思考之中。

早在 20 世纪初，位于赤峰市东北郊英金河畔的红山就引起了国外考古学家的关注。日本学者鸟居龙藏和法国学者桑志华等人先后到此进行过考察和地表采集。1921 年，瑞典地质学家安特生在今辽宁省葫芦岛市南票镇沙锅屯附近发现了一处古人类洞穴遗址，发掘出的遗物主要属于新石器时代，其中有属于红山文化时期的遗物。20 世纪 30 年代以后，中国考古学家梁思永、佟柱臣也高度重视北方新石器时代遗存，并分别对赤峰和牛河梁地区进行了考古调查。与之相关的"红山"二字，最初出现于日本考古学家滨田耕作、水野清一等发表于 1938 年的《赤峰红山后——热河省赤峰红山后先史遗迹》一书。赤峰红山后，指赤峰红山山后遗址。1954 年，中国考古学家尹达接受梁思永的建议，在其著作《中国新石器时代》一书中，增加了"关于赤峰红山后的新石器时代遗址"一章，将这种考古学文化称为"红山文化"，正式为红山文化命名。（尹达：《中国新石器时代》，生活·读书·新知三联书店，1955 年版，第 145 页。）

图1-11 赤峰红山

红山位于内蒙古自治区赤峰市城区东北方，蒙古语称红山为"乌兰哈达"，即红色山峰之意。著名的红山文化因最早发现于赤峰市的红山后而得名。

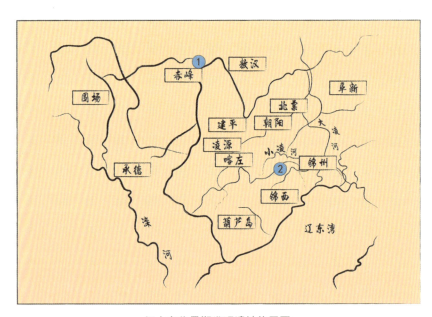

红山文化早期发现遗址位置图

① 赤峰红山后　② 锦西沙锅屯

图1-12 红山文化早期发现遗址位置图 (**徐兴楠** 作)

红山文化遗址主要分布在西辽河上游的西拉木伦河和老哈河流域，以及大小凌河流域，地跨辽、蒙、冀三省（区）。其中内蒙古自治区赤峰市东北方的红山最早发现这一文化类型的遗存，是红山文化的发现地和命名地。1908年，日本人鸟居龙藏在赤峰红山后进行考古调查和地表采集，首次发现古文化遗存。1921年，瑞典人安特生在锦西沙锅屯洞穴遗址进行考古发掘，发现了红山文化和小河沿文化遗物。1922-1924年，法国人桑志华和德日进在赤峰地区发现了20余处新石器时代遗址，包括红山文化遗址。

梁思永（1904-1954），广东新会人。考古学家，1948年当选中央研究院院士。梁思永青年时期留学美国哈佛大学，攻读考古学和人类学。回国后加入了当时的中央研究院历史语言研究所考古组。

1930年，梁思永前往东北调查发掘昂昂溪遗址。返程途中，他到热河地区进行调查并进行地表采集，计划在广泛调查之后，在热河境内进行大规模的考古发掘。但九一八事变后，日寇侵占东北，这一计划被迫搁浅。1934年，梁思永撰写了《热河查不干庙林西双井赤峰等处所采集之新石器时代石器与陶片》，这是中国考古学者书写的第一篇专论热河新石器的报告。

图1-13 梁思永画像
（陈灵美 作）

图1-14 尹达画像（陈灵美 作）

尹达（1906-1983），原名刘耀。考古学家、历史学家。

1932年，尹达到中央研究院历史语言研究所考古组工作。曾任中国科学院历史研究所副所长，兼任考古研究所副所长、所长。1955年起，担任中国科学院哲学社会科学部学部委员会常务委员。主编过《历史研究》杂志，参与主持中国历史博物馆的建馆工作。

1954年，尹达接受梁思永先生的建议，在他撰写的《中国新石器时代》一书中首次正式提出"红山文化"的命名，强调红山文化对于研究长城以北和以南的新石器时代文化遗存的相互关系问题具有极大的启发和帮助。

　　红山文化遗址的早期发现为研究工作做了材料上和学术上的准备，但更惊人的发现起初是东山嘴遗址的横空出世。东山嘴遗址的祭祀性质建筑不是同一时期修建的，修建过程反映了当时古人在不同时期的思维观念。因此对东山嘴遗址进行分期非常重要。

　　最初，东山嘴的古人们对山台进行了精心整理。在生黄土和基岩之上堆积黄土，使之相对平整。然后在平台上建筑房屋，并有了人葬。此时该遗址为居住址，对死者进行埋葬。

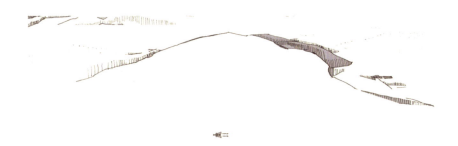

图 1-15　东山嘴遗址初期所建房屋和人葬示意图　（丁佳倩　汪津羽 作）

本图表现东山嘴遗址初期，人们所建房屋（凸字形）和人葬的关系。在东山嘴遗址西北部石头建筑下发现多处红烧土面，明确为一处房址。从北向南看，这处房址呈"凸字形"。房址约为长方形，南北长 7.4 米，东西揭露部分宽 2.5 米。半地穴式，地下部分墙壁存高 25 厘米，有两层草拌泥涂墙壁，厚 1.5 厘米。房址南侧是一具已石化的人葬骨架。这具人骨架位于圆形祭坛东北侧（当时圆形祭坛尚未营建），位于红烧土面之下，埋于生土之上。仰身直肢。只有人骨头部和脚。不见明确墓圹。无随葬品。这具人骨架与北部的房址有关，与整个遗址性质有关，表明了东山嘴遗址为祭祀遗址的性质。

红山文化的许多遗址，在使用的早期都曾是人们的居住址。东山嘴遗址是一个例子。牛河梁遗址第二地点、第十六地点在初期都是居住址。牛河梁遗址第二地点有早期使用过的灰坑，第十六地点有房址。这种普遍现象，较早由东山嘴遗址揭示出来，这是了解红山文化遗址所必备的。

过了若干年，人们的观念改变了，在平台上设立了圆形祭坛。

图 1-16　东山嘴遗址初期祭坛示意图　（丁佳倩　汪津羽 作）

按时间发展顺序，东山嘴遗址在营建房屋、营建墓葬之后，有了初始的祭坛。这初始的祭坛与人们的生产生活和祭祀活动有关。苏秉琦先生看到这些遗址后曾说，这是不是"古人传说的'郊''燎''禘'等祭祀活动"？

后来，人们对祭坛进行更新，原来的祭坛弃用，而改建新的祭坛。

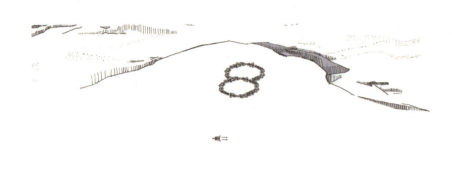

图1-17 东山嘴遗址营建新祭坛示意图 （丁佳倩 汪津羽 作）

　　红山人在东山嘴遗址营建了最初的祭坛，过了若干年后，社会发生变化了，或者人们的观念改变了，在遗址上又营建了新的祭坛，并对原来的祭坛有所叠压，但祭坛的功能没有改变。

　　弃用原有祭坛的行为一再发生。现在我们看见的祭坛是最后使用的祭坛。

图1-18 东山嘴遗址不断更新祭坛示意图 （丁佳倩 汪津羽 作）

东山嘴的人们一再更新祭坛，营建新的祭坛，废弃原来的祭坛。祭坛的功能仍没有改变，但社会变化了。东山嘴遗址不断更新祭坛的现象，应引起深思。

东山嘴遗址使用到一个新阶段，在遗址上建设了新的建筑——石头建筑。第一步，对原来的山台（平台）进行改造，铺约50厘米厚的黑灰土夹碎石片。在黑灰土夹碎石片层中发现玉璜1件、石弹丸1件、骨料1件，在南墙中段紧贴墙壁发现双龙首玉璜1件。第二步，在改造过后的山台（平台）上用砂岩石间杂少量灰岩石板垒出方形建筑。第三步，在方形石建筑内立置三堆大石堆。大石堆中有大的立石。第四步，在方形石建筑两翼再建设石堆建筑。

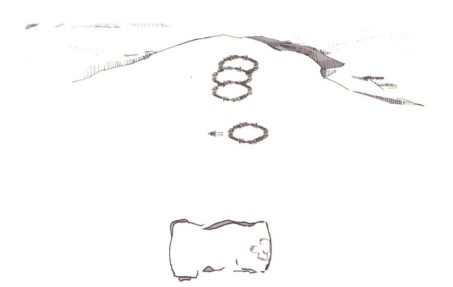

图 1-19　东山嘴遗址方形石头建筑与周边环境关系示意图　（丁佳倩　汪津羽 作）

东山嘴遗址原来的三个祭坛废弃了（示意图中三个圈相连的部分），而在人骨架较近的地方，营建了新的祭坛。该祭坛营建时北部的方形石头建筑也已经营建。该祭坛当为东山嘴遗址最新而且是最后的祭坛，距北部方形石头建筑南墙基约15米。该祭坛为正圆形，直径2.5米，距地表深仅20厘米-40厘米，是在黄土堆积的上部铺砌而成，叠压在厚50厘米的黄土层上。周围以石片镶边，多为白灰岩石片，向外一边平齐。石圈内铺一层大小相近的小河卵石。后营建的这个祭坛在对应北部方形基址南侧的部位有明显下凹。这形成了祭坛与北边方形石头建筑的互动关系。

综合以上材料可知，东山嘴遗址建设和使用的顺序如下：（一）整理山台，垫黄土，大致平整土地，这是必须要做的基础性工作。（二）为活人建筑房屋，为死者营建墓葬，既要考虑活人的需要，又要尊重（祭祀）死者。（三）设立祭坛并几次更新，有了更高的祭祀要求，不仅祭祀祖先，还要祭祀天地万物等，并且随着情况的变化而不断变更祭坛（改变精神追求的指向）。（四）再垫夹有碎石片的黑灰土，表明不同以往，另外一种建筑开始了。在黑灰土之上建设方形石头建筑，表明物质和精神生活都提升了。尤其是在黑灰土层瘗埋石弹、骨料、玉璜等，表明新观念和新信仰形成，一个新的时期开始了。（五）在石头建筑内立置大石堆（三堆），可能与某种观测有关。（六）在方形石建筑两翼再堆石，使石头建筑复杂化、多结构。概括而言，东山嘴先民营建了一组有中轴线的石头建筑址。

接下来还要回答先前提出的一个重要问题，为什么考古学家们对东山嘴红山文化遗址的发现感到"吃惊"？原因归纳如下。

第一，由专业考古人士在东山嘴遗址现场发掘的玉器，为当时已出世的同时代的玉器找到了真实身份。在东山嘴遗址发现双龙首玉璜等玉器之前，红山文化玉器已有发现，如赤峰三星他拉发现的C形大玉龙，辽宁省阜新市胡头沟遗址发现的玉器，朝阳市凌源县（今辽宁省凌源市）三官甸子发现的墓葬玉器等。这些玉器是什么时代的？属于什么文化？当时无法确定。东山嘴遗址的玉器发掘自明确的遗址和地层中，这就为当时已出世的同时代的玉器找到了重要的地层证据，因而确定了同时代的玉器均为红山文化玉器这一真实身份。

第二，龙形玉璜的发现告诉世人，龙文化的出现比史料记载的时间要早得多，至少在5000年前的红山文化时期，龙文化就已经成形，且有了玉器这一重要载体。东山嘴遗址龙形玉璜的问世，进一步把中华龙文化与红山文化紧密结合在一起。

图 1-20　内蒙古翁牛特旗三星他拉玉龙绘图及线图　（**刘迪** 作）

　　玉龙，内蒙古翁牛特旗三星他拉村出土，属于红山文化。碧绿色玉，通高26厘米。龙吻前伸，略上扬，鼻平口闭，双目凸出，额与颚底刻细网格纹。长鬣飞扬，龙背钻有一个圆孔。龙体卷曲呈"C"字形，造型遒劲有力。

　　1971年春，内蒙古翁牛特旗三星他拉村社员在村北山岗造林时，从地表以下50厘米–60厘米深处挖出一件大型龙形玉器。发现者最初以为是普通的铁钩，曾给小孩子作为玩具。发现是玉器后，随即捐献给翁牛特旗文化馆。但是对于这件玉龙的所属年代一直存有争议。喀左东山嘴红山文化遗址发现后，经过碳十四测定年代数据为距今4895±70年，树轮矫正年代为距今5485±110年。该结果公布后，工作人员推测三星他拉玉龙属于红山文化，距今时间不晚于5000年。[翁牛特旗文化馆贾鸿恩：内蒙古翁牛特旗三星他拉村发现玉龙，《文物》，1984（06）]

图 1-21　内蒙古翁牛特旗三星他拉玉龙
发现情景示意图　（**刘迪** 作）

出土玉器的胡头沟遗址，位于辽宁省阜新市阜新蒙古族自治县化石戈乡胡头沟村，系红山文化积石冢墓地。1973年，当地一位老乡把一批玉鸟、玉龟送到文物部门，这成为重要线索。相关人员按照这位老乡的指引来到胡头沟村，找到了玉器的出土地点。发掘工作正式开始，首先发掘到春秋时期的青铜短剑。按照这一青铜短剑思考，这批玉鸟、玉龟被断定为西周时期的文物。由专业考古人士在东山嘴遗址现场发掘出的玉器，为胡头沟遗址已出世的玉器找到了真实身份——红山文化玉器。

图 1-22　辽宁省阜新市胡头沟红山文化遗址出土玉龟绘图　（**刘迪** 作）

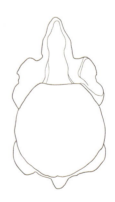

图 1-23　辽宁省阜新市胡头沟红山文化遗址出土玉龟线图　（**刘迪** 作）

玉龟，胡头沟红山文化墓地出土2件。淡绿色玉。一件玉龟头部微缩，雕出目、口、爪等细部，龟背略鼓起，近六角形，无纹，腹面有一对穿孔。长3.9厘米。另一件玉龟，颈前伸，龟背近椭圆，腹面正中一竖脊，脊正中横穿一孔。长4.8厘米。

出土玉器的三官甸子遗址，位于凌源市凌北乡三官甸子村河下村民组。山台的南、北、西三边曾有约2米高的残石墙，所以当地人又称为城子山。1979年6月进行文物普查时发现该遗址，同年10月10日起开始试掘，持续了半个月，揭露出三座红山文化墓葬。发现随葬的勾云形玉器、玉环、马蹄形玉箍、玉钺、竹节状玉饰、玉鸟等。"根据辽西地区红山文化墓葬玉器的出土情况判断，这批玉器也应是红山文化墓葬中的随葬品。"[李恭笃：《辽宁凌源县三官甸子城子山遗址试掘报告》，《考古》，1986（06）]

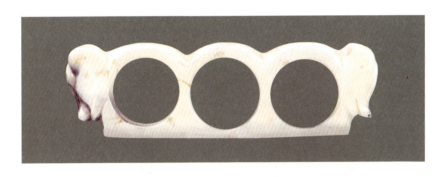

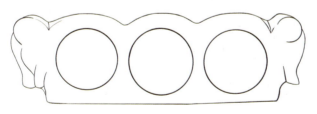

图1-24 凌源市三官甸子城子山遗址出土双熊首三孔玉器绘图及线图 （**刘迪** 作）

双熊首三孔玉器，出土于三官甸子城子山遗址。该遗址位于凌源市凌北乡三官甸子村河下村民组西北约1千米的山丘顶部，后更名为牛河梁遗址第十六地点。双熊首三孔玉器发现于墓葬的西侧扰土中。青白色，玉质中杂有黑色瑕斑。器体作长条状，上宽而下窄，顶部呈三联弧状，底部平直。两端各圆雕一熊首。额顶隆起，双耳短圆，吻部前突上翘，眼眶呈菱形。器身中部并排管钻有三个较大的圆孔，底面近边缘处钻有四个与三圆孔相通的小圆孔。器身长8.9厘米、高2.6、厚1.7厘米、圆孔直径1.9厘米。

第三，东山嘴遗址破天荒地出土了人体雕像，其中有孕妇雕像，标志了红山文化意识形态的高度。人类学会制作陶器已有两万多年时间，逐渐积累经验和发展技术，在制作生活所用陶器、祭祀所用陶器的同时，把制作陶器的经验和技术运用到制作人体雕像上，东山嘴遗址等人体雕像（包括孕妇雕像）就是此阶段的产物。在此之前从来没有过的新情况出现了，人们的思维指向了人本身，人们用陶器（也用石器）表现的对象也指向了人本身，人们对人本身的崇敬观念用陶器表现出来，从而陶器成为人们对生命礼赞的载体。这是对人自身的一种新认知、新觉醒，表明红山文化的意识形态达到了新高度。

图 1-25　东山嘴遗址女性雕像绘图　（**刘迪** 作）

东山嘴遗址出土两件小型孕妇塑像，为裸体立像。其中一件出土于圆形祭坛东侧黄土层中，通体打磨甚光滑，似涂有红衣，头及右臂均残缺，腹部凸起，臀部肥大，左臂曲，左手贴于上腹，有表现阴部的记号。下肢稍弯曲，下端残缺。体残高5厘米。另一件出土于圆形祭坛东北侧黄土层中，表面不磨光。体修长，上体前倾，下肢显弯曲，足残。体残高5.8厘米。

图 1-26　东山嘴遗址出土大型人物塑像残件绘图　（**刘迪** 作）

东山嘴大型人物塑像发现，上、下身各一块，同出于圆形祭坛东南侧黄土层中，疑为同一个体。上身为胸腹和手臂部分，双手交叉于腹部前，左手似攥拳，右手握住左手腕部。下身残块内腔为空，左膝部有一圆孔通入腔内。右腿搭在左腿上，左足及足趾裸露，右足已残缺，为盘膝坐姿。下身的底部满饰席纹。形态塑造得逼真自然，符合人体比例，大小相当于真人的二分之一。

第三节　东山嘴遗址中轴线

东山嘴红山文化遗址呈现出中轴线，标志中国建筑史上最重要的建筑思想已经产生。东山嘴红山文化遗址利用环山靠水的环境，建筑址有规划布局，南圆北方，整个遗址按中轴线分布，这是前无古人的重大文明成果。

中国文化把建筑群平面中统率全局的轴线称为"中轴线"。东山嘴遗址建筑群平面有贯通南北的中轴线，在两翼布局建筑体，大体对称，这是中国建筑史和考古寻根的重大突破。苏秉琦先生认为东山嘴红山文化遗址的布局类似于河南嵩山中岳庙的布局。总的环境风貌是四周环山，中间有一条从西向东流淌的河。主要建筑物位置坐北向南，后边有一座方亭式建筑，庙前是双阙（东山嘴遗址有两翼）。

图 1-27　东山嘴遗址中轴线及遗址与周边环境示意图　（**汪津羽** 作）

东山嘴遗址北部的方形石头建筑，四边均砌石墙基，当中有一条建筑布局的中轴线。东山嘴遗址围绕中心和中轴线左右和前后布局。左右有两翼，前后有两端。中心部分为方形石头建筑，东西长 11.8 米、南北宽 9.5 米。北部左右两翼分布石墙，南部左右两翼分布石堆。前端布局祭坛和人骨架。陶偶分布在祭坛和人骨架周围。东山嘴遗址发现的双龙首玉璜和呈现的"中轴线"，具有标志中国传统文化发端的非同寻常的意义。

东山嘴遗址前有大凌河流过，遗址前端朝向山口。东山嘴遗址的这个特点，在红山文化遗址中带有普遍性，朝阳市的牛河梁遗址、半拉山遗址和内蒙古赤峰市的那斯台遗址，与周边环境的关系大体上与东山嘴遗址相同。

为什么苏秉琦先生特别关注东山嘴遗址的中轴线布局呢？人类经历过漫长的旧石器时代，那时人们的居住地主要是自然山洞，也就是说人们对居住址只是选择而没有建设，这时无所谓居住址的布局问题。距今约一万年前，人类进入新石器时代，陆续告别了山洞，主动建筑房屋、祭祀场所，学会有秩序地安排房屋、墓葬等。这是人类社会发展的一个伟大进步。人们按中轴线安排建筑物，则表明人们关于建筑的认识和行为已实现了极大的跃升，对原有思想和行为有了重要的突破，具有了更多的文明因素。

古人的中轴线建筑思维，主要体现在两个方面，一是考虑建筑与周围环境的和谐关系。东山嘴遗址环山靠水，充分体现了这一点。二是建筑物按中轴线来布局。东山嘴遗址建筑群南圆北方，左右对称，按中轴线、两翼布局建筑物，也体现了这一点。中轴线建设思维成为中国城市或景观建筑的主导思想，对后世影响深远。元大都、北京城的建筑布局等都体现了中轴线思维，成为中国建筑史的宝贵财富。

第四节　向往东山嘴

主持东山嘴遗址发掘工作的郭大顺与苏秉琦先生书信往来频繁。苏秉琦先生密切关注着东山嘴遗址的发掘情况，为东山嘴遗址的发现而激动，目光从中原地区移向北方，他的心向往这个地方。苏秉琦先生迫切希望到东山嘴遗址亲自看看，建议到朝阳开个会。会期未定，苏秉琦先生就已带领北京、河北和内蒙古等地的 19 位学者在河北承德等候消息。辽宁和北京的同志们见苏先生这样执着，就全力以赴筹备会议。

苏秉琦先生为什么对一个小型会议如此关心呢？在中国考古学会郑州第四次年会期间，苏先生到嵩山中岳庙参观，感触颇深，他把嵩山中岳庙与东山嘴遗址联系在一起了，所以迫切地要来东山嘴遗址亲自察看。1983 年 5 月 29 日，苏先生给学生郭大顺写了封信，信中说："游览了少林寺、中岳庙等名胜地""游览中岳庙给我启发很大。真佩服当年人们选择这一地点，确非偶然。总的环境风貌是四周环山，北面嵩山高耸，中间有颍水从西向东。庙位置坐北朝南，庙后是高高在上的一座方亭式建筑，庙前是长甬道通双阙。你想，这和东山嘴位置、地形、地貌多么相似！虽然我还没亲眼看到东山嘴，它的南方不正是燕山高峰，北面是大凌河吗？只是同中岳庙方向相反而已。"（刘瑞编著：《苏秉琦往来书信集》第一册，社会科学文献出版社，2021 年。）

正如苏先生信中所说，虽然当时他还没到过东山嘴，但是想象着东山嘴遗址应该是嵩山中岳庙的气势。在承德等待朝阳喀左会议消息期间，苏先生与友人的谈话也表明了他的心迹，苏先生说要到朝阳东山嘴去"寻根"，捕捉中华文明的信息，心系之，向往之。

1983 年 7 月 27 日，骄阳似火，沃野铺绿，辽宁省喀左县迎来了 74 岁的苏秉琦先生。开会前夕，大家在喀左县招待所见面。苏先生开口就说："四五千年有分量的材料，从全国看，能拿出来的为数不多，长城内外，喀左是一个"。（《通神礼玉 问祖寻根——郭大顺先生专访》，中国考古网，2014 年 1 月 23 日。）

这是苏秉琦先生第一次亲临辽西山城喀左。会议第二天，苏先生登上山岗上的东山嘴红山文化遗址。极目天舒，脚下大凌河滚滚流淌，对面山口飘来淡淡白云，苏秉琦先生陷入沉思。之后，苏秉琦先生构思出一系列关于红山文化的厚重篇章。

中国社科院考古研究所的朱乃诚研究员关注东山嘴遗址发现的同时，也关注苏秉琦先生对东山嘴遗址的反应和评价。朱乃诚研究员记述：苏秉琦先生从这处距今 5000 年前、却已具备中国传统的南北中轴线布局的建筑群址中，意识到这是考古寻根的重大突破。于是如先生所言，他像是在天上盘旋的老鹰，终于在僻静的辽西山区捕捉到中华文化与文明起源更有说服力的证据。

图 1-28 苏秉琦先生在东山嘴红山文化遗址 （陈灵美 作）

　　1983 年 7 月，苏秉琦先生来到东山嘴遗址。这只考古学界的雄鹰终于在东山嘴遗址捕捉到中华文明的新信息。苏秉琦先生说："东山嘴的发现是难能可贵的，我们应该追究下去。"

　　郭大顺先生多次对这段红山文化学术史做忆述。他在《苏秉琦往来书信集》一书的序言"记与苏先生通信"中写道："先生最早知道东山嘴遗址应该是从 1979 年 5 月 23 日我写给先生有关喀左县文物普查成果汇报的一封信中，那是我在普查途中写给先生的。当时东山嘴遗址已发现尚未发掘（当年秋季第一次发掘）；1981 年 6 月先生在京考古所曾观摩过东山嘴遗址出土的龙首玉璜和鸮形松石饰，但先生更为关注的是遗址本身。东山嘴遗址第二次发掘前，先生在 1981 年 1 月 31 日写给我的信中，重点提到东山嘴遗址，建议'能再补充一些材料，多得到一些层位关系的材料，有必要'；1982 年 7 月先生特意委托到沈阳参加新乐遗址研讨会的李仰松先生会后去东山嘴遗址考察，听取情况介绍后先生在紧接着召开的河北蔚县三关遗址考古工地现场会上，确定下一年的考古工地现场会在辽宁朝阳召开，考察东山嘴遗址，以探寻以张家口地区为双向通道和'三岔口'的南北交汇的后果。先生为什么对东山嘴这样一处规模不大的遗址予以特殊关注？1983 年 5 月 29 日先生给我的一封信中表述得最为清楚……（信的部分内容上文已述）。原来先生对东山嘴遗址最为看重的，是这个遗址与中国古代建筑群如嵩山中岳庙那样相近的选址与气势、建筑组合与布局。"（刘瑞编著：《苏秉琦往来书信集》第一册，社会科学文献出版社，2021 年。）

东山嘴红山文化遗址的重大发现，使红山文化的面貌焕然一新，逐渐发展为一门引发广泛关注和研究的显学。苏秉琦先生兴奋地说："东山嘴的祭坛，在中原那么多同时期的遗址中，在仰韶文化当中，都还没有发现过，它不会是孤立的。"（苏秉琦：《华人·龙的传人·中国人——考古寻根记》，辽宁大学出版社，1994 年，第 95 页。）由此，人们的目光随着苏秉琦先生等考古学家聚焦在北方，聚焦在辽西，聚焦在朝阳。

苏秉琦先生如雄鹰盘旋于祖国的上空，目光面向全球，聚焦于辽西朝阳，他离开东山嘴、离开朝阳时，嘱咐要在周边做工作，寻找规模更大的遗址。苏先生为什么有这样的预见呢？苏先生预见的结果如何？我们在下一章揭晓。

为了使读者加深对本章内容的了解，或者进一步适应研究者的需要，选取了两个延伸阅读材料附在本章之后。

延伸阅读材料一：

燕山南北地区考古

简单谈一谈朝阳地区考古工作的成果、材料、线索、课题。

这两天我们看了喀左东山嘴和朝阳水泉魏营子的材料。这两批材料有代表性和典型性。喀左东山嘴遗址发现的现象是一个重要线索。抓住这个线索，围绕它可以找遗址、墓地，找来龙去脉。中国之大，可以划分为许多块块，但别的地区还没有发现过这样一处遗迹，它的时间可早到5000年前。所以，东山嘴的发现是难能可贵的，我们应该追究下去。朝阳地区取得的这些材料，说明辽宁的同志们由省、地、县结合，搞普查，在面上取得了重要的、突破性的成果。如果不是我们的工作有一定水平，这样的成果是出不来的。这些遗迹摆在那儿，不认识它就发现不了它。不是任何人看到它就能一眼看出它的重要性的。从这点说，我们在面上的工作所取得的成果是很可贵的。我们积累的材料相当可观，也有些待研究的问题，需要进一步解决。朝阳在辽宁省范围内是一个地区，在燕山南北这一大块地区中只是一角。在这个大范围内，它有特殊的重要性，我想至少有这样几点：

1.本身自成系统。红山文化是一个概念，但朝阳地区的红山文化，或者说，在喀左东山嘴看到的红山文化，它的来龙去脉，不一定属于一般意义的红山，而更可能属于曾在东山嘴附近地区活动的那一个群体所特有的。这个遗迹背后的人是谁?回答这个问题时，我们不必同赤峰附近的红山文化扯在一起。它自己会有个来龙去脉的。生活的地方也好，埋死人的地方也好，现已出土的小玉龙，绿松石鸟也好，它们的来龙去脉都要在附近去找。现在说的红山文化，毕竟是大的概念，并不能说当时生活在各地的居民，他们的社会组织形式就一定包括在一个共同体之内。这里所说的东山嘴属于红山文化，不过是指文化面貌相似而已。

2.它是联结北边昭盟跟燕山南侧的重要环节。从地理位置看，朝阳地区恰恰是燕山南北地区的重要联结点。这个环节很重要。起初我们想在张家口探索这个问题，事实证明，张家口是通向河套、内蒙古和山西的三岔路口。我们这个路口则是通向青龙、迁安，跟京津地区联上了。

3.它又是联结燕山南北这一大地区跟辽东、东北、东北亚广大地区的重要环节。它同辽东当然有密切的联系。东北西部，包括哲盟、呼盟，还有辽、吉、黑三省的一大块地方，谈到它们的古代文化就不能不从朝阳地区说起。它的位置重要性就在这里。就是说，它不只是有一方面的文化关系。它同昭盟、承德、京津、张家口是一种关系；还有另一种关系，就是辽东以至东北三省。

总之，朝阳地区的考古工作大有可为，大家要有共同认识。在这个基础上，省、地、县，还有省外力量，大家协同作战，有计划、有目的、有步骤地长期坚持下去，我相信一定会有收获，也一定能够达到目的。今天，我们能够开这样一个会，朝阳地区的领导和同志们出力不少，说明地方同志重视我们的工作。我们大家都珍视这次学术活动，这也预示我们今后的工作将会在现有基础上取得更大的成绩。

本文为苏秉琦先生1983年7月29日下午在辽宁朝阳召开的燕山南北、长城地带考古座谈会上的讲话摘要。引自《苏秉琦文集》第二卷，文物出版社，2009年，第324-325页。

延伸阅读材料二：

喀左东山嘴红山文化遗址

东山嘴遗址位于喀左县东山嘴村北的山梁上。遗址南北长约60米，东西宽约40米，海拔高度353米。遗址东南方向隔着大凌河，面对马架子山口，视野开阔，地形独特而壮观。

一、建筑布局

东山嘴遗址建筑依布局可分为中心、两翼和前后两端等部分。中心部分为一座大型方形基址，内置有大量石块，可明显分辨出三处石堆。两翼部分又可分为南、北两部分。北部两翼分别为两道南北走向、相互对称的石墙基。墙基皆用加工整齐的砂岩长条石砌成单行单层。南部两翼皆有石堆,为相互对应的建筑遗迹。

前端部分可分圆形祭坛与多圆形石砌基址。圆形祭坛距方形基址南墙基约 15 米,正圆形,直径 2.5 米,边缘砌筑整齐,内铺一层大小相近的小河卵石。多圆形石基址已残缺,可分辨出三个相连的圆形基址。其中两个基址都为单层石块砌成,边缘都以大块河卵石砌出两圈,石圈内铺较小石块形成台面。

二、遗址遗物

遗址西侧北部发现一座半地穴式房址。房址约为长方形,南北长 7.4 米,东西揭露部分宽 2.5 米。有两层草拌泥涂墙壁,经火烧。房内地面为平坦的黄硬土,经火烧成黑间红色。东墙中部向外凸出,做成一个十分规整的长方形坑。坑内北端放置一件石斧,磨光甚精,发掘者认为或与祭祀有关。

发现人骨架一具,位于遗址南部圆形祭坛东北侧,未见明确墓圹,只在人骨头部和脚端两侧各置有两块不规则石板。无随葬品,紧贴胸、腹部覆盖有大块泥质红陶和黑陶片,尚可复原一件泥质黑陶钵。

陶器约占全部遗物的 90%,完整器较少。器类以钵盆类、瓮罐类等为主,还有杯、塔形器、圈足盘、豆、器盖等。石器较为少见,可分为磨制石器、打制石器和细石器。主要器型有斧、锛、凿、石磨盘、磨棒、砍砸器。骨器发现了圆锥体的骨镞。

陶塑人像共发现残块 20 余件,多为人的肢体部分,未见头部,皆泥质红陶胎。可分小型孕妇塑像和大型人物坐像两类。

两件小型孕妇塑像为裸体立像,头及右臂均残缺,腹部凸起,臀部肥大,左臂曲,左手贴于上腹,有表现阴部的记号。大型人物坐像发现上、下身各一块,同出于圆形祭坛东南侧黄土层中,当为同一个体。上身残块为手臂和胸腹部分。双手交叉于腹部的中间,左手似攥拳，右手握住左手腕部，下身残块内腔空，左膝部有一圆孔通入腔内，为盘膝正坐式，右腿搭在左腿上，左足及足趾裸露，右足已残缺。下身的底部平，满饰席纹。大小约当真人的二分之一。

玉、石饰皆小件。其中以一件双龙首玉璜和一件绿松石鸮为精致。玉璜出土于方形基址南墙基内侧，淡绿色，长4厘米。两端各作一龙首，较长，吻向前伸，上唇翘起，口微张，目作菱形框，身饰瓦沟纹样。绿松石鸮出土于方形基址东外侧黑土层中，作展翅形。背面黑石皮正中对穿单孔。

三、重要价值

其一，东山嘴遗址建筑分布非常规整，布局为南圆北方，左右对称，具有中国古代传统建筑的布局特点，这与同时期考古文化采用的向心式建筑布局完全不同。

其二，东山嘴遗址选择在面对开阔河川和大山山口的梁顶，多处基址都置有成组、成群立石组成的石堆，非生活性陶祭器以及陶塑人像群出土等，这显然是当时人们从事包括祭祀在内的社会活动的一个中心场所，具有不同于一般居住址的特定用途和规律。用于祭天的圆形祭坛及其旁边出土的人骨、人物塑像说明当时的祭祀活动具有一定规划性和复杂性。

其三，东山嘴遗址出土的两件小型孕妇陶塑像，弥补了中国史前文化到青铜文化之间的空缺，被俞伟超先生称为"全国考古界等了30多年才被发现的重要材料"。

东山嘴遗址是个保护完好、内容丰富的红山文化遗址。考古学家郭大顺认为，东山嘴遗址的选址独特而壮观，营造有规律，展现了左右对称，南圆北方，有中轴线布局的建筑，本身就反映了文明的信息。

本文引自董婕《红山文化的发现和朝阳境内典型遗址概述》一文，选自王丽颖主编《牛河梁红山文化遗址研究》。

在红山文化存续的近 1500 年中，积石冢的出现是一个大的飞跃。积石冢就是坟墓，分为下层和上层。下层积石冢在时间上早于上层积石冢。

　　红山文化后期的"大厦"是从营建下层积石冢开始的，因此下层积石冢是红山文化"大厦"的第一级"台阶"，了解红山文化必须要越过这个"台阶"。

　　本章把红山文化下层积石冢单列出来，详细研究，而另列一章专门研究上层积石冢，这样便于读者把握不同阶段积石冢的特点，清晰了解红山文化的全貌。

　　从发现东山嘴红山文化遗址到推断出周围有更大的遗址，后来真的发现了规模更大的牛河梁红山文化遗址。这个成就，离不开苏秉琦先生的重大贡献。

　　目前，牛河梁红山文化遗址代表了红山文化的最高成就。现在的红山文化研究者也基本上是运用牛河梁红山文化遗址的材料来研究和讨论问题的。

　　阅读本章，开始深入牛河梁红山文化遗址，探秘红山文化"大厦"的下层积石冢。

第二章　发现牛河梁（下层积石冢篇）

红
山
古
国
·
文
明
曙
光

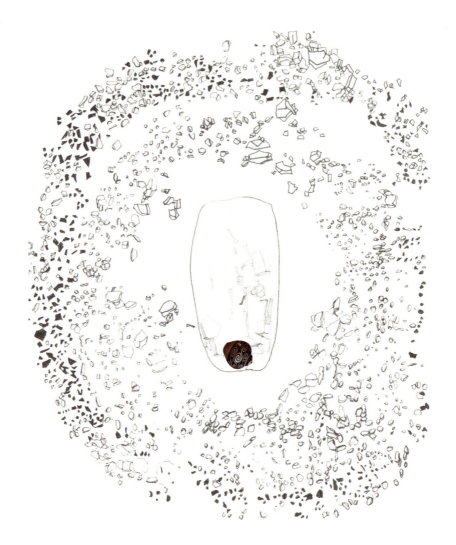

第二章　发现牛河梁(下层积石冢篇)

进化论的奠基人达尔文说，科学就是整理事实，以便从中得出普遍的规律或结论。

以苏秉琦先生为代表的考古学家就是整理了红山文化的事实，得出了关于红山文化的一系列的重要结论。这个过程首先要有事实，即要有红山文化的事实材料。苏秉琦先生面对的是红山文化新的事实（如东山嘴遗址和牛河梁遗址），这些新的事实是以往的研究者没有遇到过的，几乎是全新的。苏秉琦先生整理的是红山文化以往新的事实（当然也包括以往的红山文化事实）。其次，事实不会自己"说话"，尤其是在没有文字的时代，事实更不会自己"说话"——说出我是什么、有什么蕴涵，等等。那就想办法让事实"说话"。最后，深入的工作就是调动以往的思想体系和方法去挖掘事实的蕴涵。苏秉琦先生这样做了。苏秉琦先生比别人做得更好，总结出的规律比别人更符合实际、更有高度，说明他更深入地把握了事实，从事实中归纳出思想和规律，因而被更多的人所接受。如进化论的奠基人达尔文一样，苏秉琦先生用科学方法整理了红山文化的新发现，从中得出关于红山文化的普遍规律或结论，至今仍没有人能够超越。

第一节 辽宁朝阳"金三角"

　　苏秉琦先生具有深厚的学术功底且独具慧眼，立足东山嘴遗址的惊人发现而推论，把探讨中国文化之根的希望寄托在辽宁朝阳西部的喀左、建平、凌源三个县（凌源县后改为凌源市），认为这三个县是"金三角"。什么是中国文化之根？中国文化的源头、中华文化基因之初始。重要性不言而喻了。辽宁朝阳西部这三个县（市）所驻的三个城（镇）连线，就组成了三角，考古学界称为辽宁西部"金三角"。苏秉琦说："1983 年，到辽宁喀左、朝阳现场'会诊'，大家对东山嘴的祭坛遗迹多少还有一些保留，建议在建平、凌源、喀左三县邻近地区继续进行勘查。当年就发现与喀左祭坛同时期的'女神庙'和'积石冢'（山陵）成组遗迹群。"（苏秉琦：论仰韶文化,《中原文物特辑》，1986 年。）

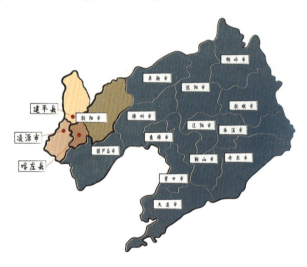

图 2-1 辽宁省朝阳市西三县示意图 　（**徐兴楠** 作）

　　朝阳市位于辽宁省西部，面积 1.97 万平方公里，下辖双塔区、龙城区、朝阳县、建平县、喀左县、北票市、凌源市。建平、凌源、喀左三县（市）位于朝阳市的西部，所以称为"西三县"。

朝阳市是一座位于辽西地区的古老城市。这里因为发现了一亿多年前的热河生物群化石，被称为地球上第一朵花绽放、第一只鸟飞起的地方。朝阳是个从古至今都适合人类生活的宝地。在遥远的中生代，当地球其他地方被海水浸泡时，这里被甘甜的淡水包围着，成了中生代的淡水生物王国；当地球其他地方一片荒凉时，这里绽开了地球上的第一朵花，成为芬芳花果的起源之地；当地球其他地方一片沉寂时，这里飞起了地球上的第一群鸟，成为古鸟的理想家园；当地球其他地方初等动物尚未爬行时，这里有了乳汁育雏的动物类群，成了哺乳动物的摇篮；当地球其他地方悄无声息时，这里已然枝繁叶茂、鸟语花香、群鱼戏水、恐龙驰骋……形成了世界上独一无二的水陆空辐射的生物群落。朝阳是名副其实的花之故都、鸟之故土、昆虫王国、鱼类乐园、恐龙之乡、哺乳动物的摇篮，是适宜人居的福德之地。

正是在朝阳的几个淡水充盈的盆地及其周围陆地产生古生物化石的地方，还发现了具有世界性价值的红山文化重要遗址——牛河梁和东山嘴。苏秉琦先生盯住了这个地方。

读者可能会问，苏秉琦先生为什么会有朝阳"西三县"是"金三角"这样的预见？回答这个问题是很有意思的。

任何事物都不是无源之水、无本之木。任何事物都不是孤立存在的，事物之间普遍存在相互关系。任何事物都是整体的一部分，红山文化的考古学遗址也不例外。苏秉琦先生之所以形成上述预见，与其深厚的哲学思维是分不开的，即苏秉琦先生在考古实践中一直坚持考古学遗址非孤立性存在的观点。在考古实践中，苏秉琦先生高度注重事物之间的相互关系、影响、作用及其后果。但是仅有正确的指导思想还不够，形成科学预见还要有事实依据。苏秉琦先生当时判断辽宁朝阳"西三县"是"金三角"，会有更大遗址，至少有五个重要的根据。

根据一是东山嘴遗址本身显示出信息，它更可能是一个遗址群的组成部分。东山嘴遗址发现的陶器、玉器、墓葬、陶偶、石建筑的样式，以及整个遗址的中轴线式建筑布局，还有周边高山耸立、清水环绕之势等都透露出强烈的信息，东山嘴遗址肯定与周边的遗址有联系，绝不是孤立存在的，周边还会有更大的遗址。

根据二是早在 20 世纪 40 年代有一位专业人士考察过凌源县，于1943 年发表了《凌源牛河梁彩陶遗址》等文章。这位专家叫佟柱臣，中国社会科学院考古研究所研究员、考古学家。佟柱臣先生的文章和发现把苏秉琦先生的目光引向了辽宁朝阳"西三县""金三角"。

1942 年，佟柱臣到凌源中学任教。在授课之余，他考察大凌河流域两岸阶地上密集分布的遗址，收集标本，撰写了《凌源附近新石器时代遗址之调查》，介绍发现的多处新石器时代或青铜时代遗址。佟柱臣先生在牛河梁发现不少红地黑彩的陶片，和红山后出土的彩陶很相似，并在附近农民手中看到了卷云纹玉佩饰等。

有前人筚路蓝缕，曲径开山，且有文字传世，同为考古学家，都曾在中国社会科学院工作，苏秉琦先生一定会重视佟柱臣先生的早期发现。如果要建立普遍联系谱系，东山嘴遗址的普遍联系自然要联系到牛河梁所在的建平和凌源两县（市）。

佟柱臣（1920-2011），满族，辽宁黑山人。1941年毕业于吉林高等师范学校历史地理系。1942 年在凌源中学任教。1943-1945年，转入赤峰师范任教。1945 年进入国立沈阳博物院任副研究员。1949 年进入北京历史博物馆（今中国

图2-2 佟柱臣画像（引用自中国考古网，郭物：《佟柱臣先生访谈录》）（陈灵美 作）

国家博物馆）工作，先后任副研究员、陈列部副主任、考古部副主任、学术委员会委员。1961 年进入中国社会科学院考古研究所，先后任副研究员、研究员、学术委员会委员、第一室（新石器时代）副主任。1978 年被中国社会科学院研究生院聘为教授。1979 年当选为中国考古学会理事。1991 年享受国务院颁发的政府特殊津贴。长期从事博物馆学、中国新石器时代考古、东北地区考古及边疆民族考古研究，先后发表学术论文 110 余篇，出版《中国东北地区和新石器时代考古论集》《中国边疆民族物质文化史》《中国新石器研究》等学术专著 5 部。

1942 年在凌源中学教书期间，佟柱臣在大凌河流域两岸阶地上发现多处新石器时代或青铜时代遗址，并考察了牛河梁遗址，后来撰写了《凌源附近新石器时代遗址之调查》《凌源牛河梁彩陶遗址》《热河先史文化与赤峰红山》等文章，为红山文化研究奠定了基础。

根据三是辽宁省在 20 世纪 80 年代初进行文物普查，在建平、凌源等地发现了红山文化遗迹。红烧土、陶片、玉器等不时被零星发现，透露出有多处遗址的重要信息。

根据四是在东山嘴遗址被发掘之前，世面上已经有过许多玉器，有的玉器是经过正式发掘而面世的。20 世纪 70 年代初，辽宁省文物店从辽西收购到一些形制特别的玉器，随后在赤峰、朝阳、阜新各县（旗）设立专职文物干部，又收集到不少这类玉器。1973 年赤峰市翁牛特旗发现 1 件大玉龙，即大 C 形龙。三星他拉村的村民回忆了出土地点，发现出土地点附近有红山文化遗址。在辽宁阜新胡头沟收集到这类玉器，据老乡说是从河边断崖冲刷出来的。另外，在凌源三官甸子墓葬中也发掘出玉器。三官甸子遗址后来被编为牛河梁遗址第十六地点。辽宁省博物馆的孙守道先生首先认为这些玉器可能与红山文化有关。这些材料进入人们的大脑，都会成为人们从东山嘴遗址出发建立普遍联系的思想材料，进而推断在辽宁朝阳"西三县""金三角"有一个遗址群，其中有更大的遗址。

孙守道（1931－2004），辽宁省大连市人。1948年开始从事文物考古工作。担任过辽宁省博物馆副馆长，辽宁省文物考古研究所副所长、名誉所长，政协辽宁省第六届、第七届常务委员，辽宁省考古学会名誉理事长，辽宁省劳动模范，中国汉画学会常务理事，吉林大学兼职教授，辽宁省文化厅文物保护专家组成员，享受国务院颁发的政府特殊津贴。

图 2-3 孙守道画像（陈灵美 作）

首次发现了东北旧石器时代鸽子洞遗址；从红山文化遗址中分析鉴别出红山文化的玉龙和其他一些红山玉器；确定了姜女石秦行宫建筑群址的性质，为文献记载的"碣石"找到考古证据；发现了喀左窖藏商周青铜器第二坑，其中重要的铭文材料为研究这段历史提供了重要参考。

参加工作以来长期从事田野考古调查、发掘和研究工作，始终坚持在考古第一线。曾主持了西岔沟遗址、鸽子洞遗址、喀左青铜器窖藏、牛河梁女神庙遗址等重要考古发掘工作，指导了阜新查海遗址、北票康家屯石城址、建昌东大杖子战国墓地、北票喇嘛洞墓地、桓仁五女山山城、朝阳北塔塔基遗址等重要的考古发掘，是辽宁地区田野考古的开拓者之一。

学术研究领域广泛，对旧石器、新石器尤其红山文化及玉器、商周青铜器的文物鉴定和陈列设计等都有深入研究，造诣颇深，是辽宁省少有的全方位深入研究的专家学者。他提出的中国史上的"玉兵时代"的学术观点受到学术界的高度重视。

学术成果十分丰硕，主要论著有《汉代辽东长城列燧遗迹考》《论辽河流域的原始文明与龙的起源》（合著）、《牛河梁红山文化女神头像的发现与研究》。此外他还参与编辑《关东文化大辞典》《中国考古文物之美1文明曙光期祭祀遗珍——辽宁红山文化坛庙冢》等书，主编《东北文化——白山黑水的农牧文明》《红山文化玉器新品新鉴》，并著有《孙守道考古文集》。（引自辽宁

省文物考古研究院网站"专家介绍"栏目)

根据五是有参照。早有中外考古学家考察过赤峰红山后遗址，那里是红山文化的发现地。日本人滨田耕作、水野清一执笔，日本东亚考古学会1938年编著出版的《赤峰红山后——热河省赤峰红山后史前遗迹》一书，有一定的社会影响，书中内容成为后来红山文化遗址发现和研究的参照之一。

事物并非孤立存在，对某种事物的发现也不是偶然的，一个事物的出世一定有其必然性。在朝阳市西部三县"金三角"初步工作的基础上，按照苏秉琦先生的预见，考古学家们最终把目光锁定在牛河梁。为什么把目光锁定在牛河梁呢？缘于一件玉器的线索。

第二节　牛河梁遗址的发现

1981年春天，全国第二次文物普查继续开展。辽宁省把凌源、喀左、建平三县定为普查重点县。为了搞好普查，在建平县举办文物普查培训班，培训公社（乡）的文化站长。建平县富山公社的文化站站长赵文彦参加了。学习了一些文物知识后，赵文彦说，马家沟生产队队长马龙图家有一件东西，像是红山文化文物。在赵文彦的带领下，郭大顺等人赶紧来到马龙图家。

马龙图取出两年前翻地时拣到的一个像马蹄形状的筒状玉器(后命名为马蹄形玉箍、斜口筒形玉器)，说在发现这个玉器的地方，挖出过一些人的尸骨。具体在哪里？马龙图说，我领你们去看。马龙图把一行人领到"西梁地"（现在为牛河梁遗址第二地点）。现场有很多陶片和大量露出地表的石头。

郭大顺后来回忆说："那是1981年4月，辽宁省的文物普查在建平县境内进行。笔者参加了这次普查。刚到县城，就得知牛河梁一带经常有玉器出土。于是立刻赶到现场进行调查，当时确认为一处单纯的红山文化遗址，并试掘出玉器的石棺墓1座，牛河梁遗址遂正式被发现。1983 年，由孙守道和笔者率队在玉器出土地点进行正式发掘，确定墓葬为积石冢性质，编号第二地点，又在周围山梁上发现了女神庙遗址和其他遗迹。"（郭大顺著：《红山文化》，文物出版社，2005 年 2 月第二版，第 53 页。）

图 2-4 斜口筒形玉器绘图
（经复原）（**刘迪** 作）

斜口筒形玉器，1981 年 4 月 8 日征集于马家沟村民马龙图处。深绿色，有红褐色瑕斑。一端为宽敞的大斜面，另一端平口较窄，平口边缘略向内凹，两侧口端磨薄似刃，平口边缘作出对称双缺口。内壁正中有一规整的小圆洞，一侧有上下直通的弧形凹槽。通长 16.3 厘米。

图 2-5 郭大顺画像（**陈灵美** 作）

郭大顺（1938- ），河北省张家口市人。毕业于北京大学历史系考古学专业，获硕士学位。1968-1983 年在辽宁省博物馆文物工作队从事考古研究，期间任副队长。1983-1994 年任辽宁省文化厅主管文物工作副厅长兼辽宁省文物考古研究所所长、名誉所长。1998 年退休。现为辽宁省文物保护专家组组长、辽宁省文史研究馆馆员、中国考古学会名誉理事、国家文物鉴定委员会委员。

从事新石器时代和青铜时代考古、史前玉器、文化遗产保护和苏秉琦学术思想研究。发现并主持牛河梁红山文化遗址发掘、保护和规划。主持编写《大南沟——后红山文化墓地发掘报告》（1998 年）、《牛河梁遗址发掘报告》（1983-2003 年度）（2012 年）。著有《红山文化》（2005 年）、《追寻五帝》（2000 年，英译本 2012 年，国家新闻出版署 2010 年"经典中国国际推广工程"项目）、《龙出辽河源》（2000 年）、《探索古辽西》（2005 年）、《东北文化与幽燕文明》（2005 年，韩译本 2015 年）等专著及论文 300 余篇（部分收入《郭大顺考古文集》上、下册，2017 年）。协助苏秉琦先生写作《中国文明起源新探》（1997 年），负责《苏秉琦文集》的选编工作（2009 年）。

在考古学文化区系类型理论指导下对辽宁地区新石器和青铜时代进行区系研究，提出魏营子类型、高台山类型的命名（1982-1985 年）和辽东半岛青铜文化"原生型"的思路（2006 年）。较早提出中华五千年文明和龙的起源研究课题（1981-1986 年）；提出玉器的起源与渔猎文化有关（1996 年）；从红山文化"唯玉为葬"习俗探讨玉器为最早的礼器；对"礼源于俗"（巫）作考古论证并试探从礼的起源认识礼的本质（2000-2003 年），进而从红山文化祭祀建筑群址的类型、组合与布局及其对后世的影响，提出礼的起源与传承为中华文明起源的自身特点和中华文明连续性的主要原因（2012-2018 年）；倡导东北文化区的概念，提出中国史前时期东北、中原、东南三大区鼎立和以周邻向中原汇聚为主的区间文化交流总趋势，并试图以此轨迹复原古史传说五帝时代史（2000 年）。通过夏家店下层文化遗址的调查和发掘，继续对商文化起源于东北说进行考古学研究（1997 年）。担任辽宁与日本中国考古学会以《东北亚考古学研究》为题的合作研究中方主持人（1990-1992 年）；是新中国成立后全国最早开始的中外考古合作项目之一，也是辽宁考古走向海外的开始。介绍日本历史考古公园建设情况并提出建立考古遗址博物苑的设想（1990 年）。（引自辽宁省文物考古研究院网站"专家介绍"栏目）

苏秉琦先生关于东山嘴遗址周围一定有更大遗址的推论和预见得到了证实。红山文化的发掘与研究从此掀开新的一页。人们的目光聚焦在牛河梁。

牛河梁的名称来源于一条小河。这条小河是牛河梁地区的三条河之一，人们曾称之为牛耳河（或牛儿河、牛录河），流入牤牛河，再注入大凌河，最后汇入渤海。历史上人们把牛耳河旁的山梁叫牛耳河梁（或牛儿河梁、牛录河梁），历经口传笔转，最后被称作牛河梁。这个牛河梁在世界文明史上占据着重要位置。

　　牛河梁遗址所在山脉是努鲁儿虎山脉的组成部分，也是燕山山脉向北延伸的余脉。以牛河梁遗址为中心的红山文化区就位于大兴安岭与燕山山脉之间的广阔区域。牛河梁遗址范围为北纬41°16′-41°22′，东经119°27′-119°34′。遗址区以一道基本为东西向的水冲沟隔开绵延十余公里的南侧山梁和北侧山梁，两道山梁的西南端是水冲沟（河川）的开阔地带，延伸到凌源市；东北端的水冲沟逐渐开阔，延伸到建平县。水冲沟两侧是交通要道，有一条公路（G101）和一条铁路（锦承）通过。京四（长深）高速公路在红山文化遗址区最东南的一角凿隧道通过。两侧山梁高度为海拔550米-680米，梁脊起伏但较为平缓，中间穿插有平缓山地，为红山人提供了天然的活动场所。牛河梁遗址就位于层层山梁之间。

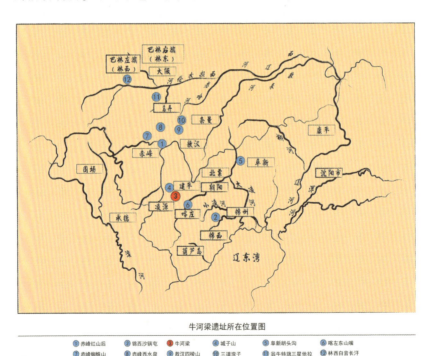

牛河梁遗址所在位置图

① 赤峰红山后　② 锦西沙锅屯　③ 牛河梁　④ 城子山　⑤ 阜新胡头沟　⑥ 喀左东山嘴
⑦ 赤峰蜘蛛山　⑧ 赤峰西水泉　⑨ 敖汉四棱山　⑩ 三道湾子　⑪ 翁牛特旗三星他拉　⑫ 林西白音长汗

图 2-6　牛河梁遗址所在位置图（徐兴楠 作）

　　牛河梁遗址位于辽宁省朝阳凌源市和建平县之间的山冈上，属于新石器时代晚期红山文化遗址，距今 5500-5000 年。牛河梁遗址发现于 1981 年，1983 年开始发掘。遗址揭示出坛、庙、冢等礼仪性建筑群和一批珍贵文物。以确凿而丰富的考古资料证明，早在 5000 年前的红山文化晚期，社会形态就已经发展到原始文明的古国阶段。1988 年牛河梁遗址被国务院公布为第三批全国重点文物保护单位。2003 年第十六地点的发掘被评为年度全国十大考古新发现。2021 年牛河梁被列入全国 150 处大遗址名单，被中国考古学会评为"百年百大考古发现"。

第三节　红山文化下层积石冢

牛河梁遗址已编号并对外公布的遗址点有 16 个，其中经过正式发掘的有第二地点、第三地点、第五地点、第十三地点和第十六地点。较早发掘的是第十六地点。该遗址于 1979 年 6 月辽宁省文物普查时首次发现，当时叫凌源县三官甸子城子山遗址，包含夏家店文化和红山文化两个时期的文化遗址。后来考古工作者认识到牛河梁地区的诸多红山文化遗址是一组互有联系的遗址群，城子山遗址也是这个遗址群的组成部分，遂编号为牛河梁遗址第十六地点。

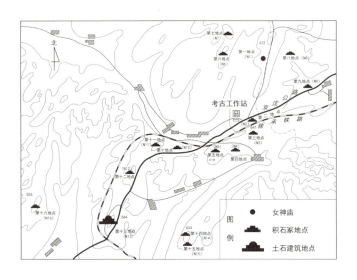

图 2-7　牛河梁已编号 16 个遗址点分布图

牛河梁红山文化诸遗址点均位于山冈顶部。遗址中心点地理坐标北纬 41°20′，东经 119°30′，遗址保护范围 56.25 平方公里。目前发现遗址点 50 余处，已公布并编号的遗址 16 个。其中第一地点为女神庙及庙后山台等建筑，第十三地点为巨型土石建筑，其他遗址点以积石冢为主。

红山文化积石冢可分为下层（早期）和上层（晚期）。考古工作者将牛河梁遗址群统一划分为三期：第一期为下层遗存，第二期为下层积石冢阶段，第三期为上层积石冢阶段。牛河梁第二、五、十六地点都有下、上层积石冢。

其中牛河梁红山文化遗址第二地点已经发现的 45 座墓葬，有 10座属于下层积石冢，其余 35 座属于上层积石冢。第二地点位于建平县富山乡张福店村马家沟村民组西 830 米的一处山冈上。发掘时间从 1983 年延续到 1998 年，共清理出 6 个单元。2009 年秋冬，对保护工程建设区域内遗址本体四周未发掘的部分进行了勘探。第二地点是一处北高南低的坡形地，东西长 130 米，南北宽 145 米。南边有垫土层，表明红山人在修建该墓地时，先对坡地进行了修整，把北边高处的土去除，移到南边低处。该地点的建筑址分为 6 个单元，考古工作者将之编号为一号冢、二号冢、三号冢（祭坛）、四号冢、五号冢、六号冢。

图 2-8 牛河梁遗址第二地点布局示意图（**丁佳倩** 作）

牛河梁遗址第二地点位于 101 国道南侧，发掘面积约 6000 平方米。考古工作者在 1983 年从西部揭露出的积石冢，编为第一号冢；1984 年继续向东揭露，发现第二号冢和第三号"冢"（后确认为祭坛）；1986 年又向东揭露出第四号冢和第五号冢，1992 年又在第三号"冢"的北侧揭露出一处积石遗迹，编为第六号冢。整个地点的结构为五冢一坛。其中，一号冢出土玉器较多，二号冢以冢坛结合的中心大墓为主体，三号"冢"主体是三层圆祭坛，四号冢有明确的上下层积石冢。牛河梁遗址第二地点不仅结构复杂，而且内容丰富，是研究和了解牛河梁红山文化的重要遗存。

红山人较早营建了下层积石冢。早期的规划不仅规范了当时的下层积石冢的布局，而且影响了后期的上层积石冢的结构。下层积石冢时期的墓葬呈现一定的相近性，如墓葬朝向、砌筑方式、墓葬分布和随葬品等都有相近性。

红山人建造积石冢通常选择在高度适中的岗丘顶部。建造时先要平整山头并垫土，接着确定冢的外圹，在圹内深挖，然后在其中砌石或敷石。安葬死者后，红山人在其墓周围铺碎石。有些下层积石冢上还成排立置陶筒形器，摆放专门用于祭祀的陶"塔"形器。

可能有人要问，了解红山文化为什么要说积石冢呢？积石冢不是墓吗？回答这个疑问很有必要。了解某种史前文化一定要研究当时的人和社会。我们现在当然无法看到 5000 多年前的人。只有通过研究那时的死者，由死者的情况去推知当时活人的状况。那时的死者多保存在墓葬里，所以研究墓葬是了解红山先民及红山社会状况的重要途径，是认识红山文化及其文明高度的重要路径。

上层积石冢与下层积石冢，虽然都叫积石冢，但是因为在不同时代所营建，相隔数百年，因此在营建方式、内涵等方面均不同。许多研究者已经指出，下层积石冢和上层积石冢存在着明显的差异，如积石冢的营建方式、墓葬的朝向、随葬品的种类等方面都不相同。可见，在 1000 余年间的发展过程中，红山文化曾产生过巨大的社会变革，带来了埋葬习俗和祭祀理念等方面的变化。最初较大的变化从营建下层积石冢开始。

以往有的研究者把下层积石冢与上层积石冢混在一起研究，不加详细区分，虽然也整理了部分事实，表述了一些观点，但是往往偏离事实，得不出符合实际情况的结论。因此，本书对下层积石冢进行专门介绍。

考古学家在牛河梁遗址发现了积石冢，由于这些积石冢属于不同时期，于是区分出下层积石冢和上层积石冢。

居住于同一地点的人类活动形成的堆积，是按时间的早晚自下而上依次堆积形成。通常情况下，下部地层中包含的遗迹、遗物在年代上应早于上部地层。但是按照发掘的顺序，上层积石冢虽然营建在后，却位于上层，所以会先发掘到。考古学家们先清理认识了上层积石冢，然后进入下层的发掘工作。

1986年，考古工作在第二地点四号冢南部展开。新情况出现了。石砌的冢界墙之下，再往下挖，接触到较低的层位，发现了一片碎石，而且由碎石铺砌出一个明显的层位。在这个碎石层位之上有陶筒形器的遗迹，显露出排列成圆圈的情况，当时明眼可辨认出4个陶筒形器圈。陶筒形器圈遗迹本身又有东西成行排列的迹象。这些碎石层位、陶筒形器圈是做什么用的？第二年（1987年）的一个发现揭开了谜底。在其中一个陶筒形器圈的中心部位，发现了一座小型土坑墓（编号为第4号墓，N2Z4M4）。陶筒形器圈内建墓，说明了陶筒形器圈具有冢的性质。这座小型土坑墓葬虽然没有随葬品，却十分重要，显示这种墓上铺碎石、周围以成列陶筒形器环绕的墓葬，可能是另一种积石冢类型（后来命名为下层积石冢）。

接着不断有新发现。1993年，在另一个陶筒形器圈内的中心部位又发现一座土坑墓（编号为第5号墓，N2Z4M5)，坑壁立石板，墓内随葬一件彩陶瓮（罍）。新发现不断给人以鼓舞，继续在第二地点四号冢探索。考古学家们又用了3年时间，沿着碎石层（下层）一点一点向北，清理出一个能说明问题的"剖面"：碎石层（下层）与其上的积石冢冢体和冢界的叠压关系清晰地表现出来。以较大石块堆砌而成的上层积石冢在上，碎石层（下层积石冢）在下。不仅如此，在碎石层中又发现了多座筒形器圈墓。从对剖面及多座筒形器圈墓的清理得知，这些被陶筒形器圈围在中心的墓，墓的方向都是南北向，东西排列成行，与上层积石冢的墓葬完全不同（上层积石冢的墓都是东西向）。

考古工作者的研究工作同时展开，首先辨别陶筒形器的差别。陶筒形器的形制虽然不尽相同，但差别不是主要的，基本属于同一类器型。于是提出四个维度的标准：地层、墓葬方向、积石冢和墓葬结构、陶筒形器的形制。上述四个维度都对应，确定后来发现的这些墓（冢）都为下层积石冢。推而广之，第二地点四号冢内所有先后发现的以筒形器圆圈围绕、冢上铺碎石的墓葬，都是下层积石冢，或者称为"敷石墓"。下层积石冢终于被识别出来了。

第二地点其他冢未发现下、上层冢的叠压关系，现存都为上层冢，但都发现了具有下层积石冢特点的陶筒形器碎片，如第二地点一号和二号冢的冢上封土里见到下层积石冢的陶筒形器碎片，三号冢的冢上垫土中也见到下层积石冢的陶筒形器碎片，这说明第二地点一号、二号和三号冢都曾经有过下层积石冢，因而推论出第二地点的一至四号冢都能分出下、上两层。

牛河梁遗址第二地点的10座下层积石冢中，四号冢4号墓、5号墓、6号墓这3座冢界较为完整，明确为圆形，沿冢界立置一周陶筒形器。其中从4号墓的边界清理出29个原位摆放的陶筒形器，有的绘有单勾勾连涡纹彩饰，还有陶"塔"形器残片。

从这些原初状态的下层积石冢的情况，可以看出下层积石冢多数为圆形（平面为圆形的"墓域"），仅有个别冢是方形或长方形；冢上积碎石，冢顶平；与上层积石冢相比，冢的规模不大；东西成行排列、冢间距较小，甚至有冢与冢相接的现象；沿冢界环列一周陶筒形器。陶筒形器的内边和外边由厚15厘米~20厘米的角砾石封住，多数冢上发现过陶"塔"形器的残件；每个冢内一般只有一座墓，位于冢的中心，为竖穴土坑式墓，在墓壁局部或嵌或立石板，或嵌或立都不够规则，没有用石砌墓室。

下层积石冢虽然墓葬均为南北向，但墓主头的朝向却不一致，有的朝南，有的朝北。墓主一般以陶器为随葬品，只有少数墓随葬带盖的陶瓮（陶罍），个别的墓随葬单件斜口筒形玉器。墓内陶器一般放置在墓主人的足下。如四号冢的5号墓、6号墓和7号墓，都只随葬了陶器。5号墓和6号墓的墓主足下出土一件带盖彩陶瓮（罍）；7号墓墓主人足下随葬1件彩陶瓮（罍），并在其上扣1件红陶钵。四号冢8号墓的随葬品是陶器和玉器组合，墓主人的腹部出土斜口筒形玉器1件，足下随葬1件陶双耳罐，罐口扣1件陶折腹盘。

这里重点介绍一座下层积石冢墓葬，牛河梁遗址第二地点四号冢5号墓。

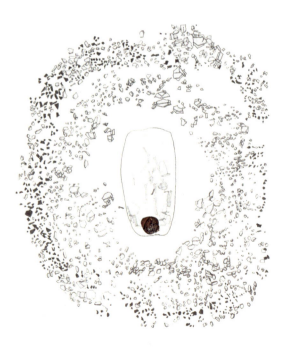

牛河梁第二地点四号冢5号墓，墓主人为女性，年龄25-30岁。仰身直肢葬。冢面平铺角砾岩碎石，角砾石层厚10厘米-20厘米，冢墓外围了一圈陶筒形器。中心部位为一座近长方形的土坑墓，土圹长2.6米、宽0.8米-1.2米、深0.5米-0.6米。墓壁内砌多块石板。墓主人的股骨下铺垫一石板。足下随葬1件带盖彩陶瓮（罍）。

图2-9　牛河梁下层积石冢墓主随葬陶器绘图
（丁佳倩　刘迪 作）

带盖彩陶瓮（罍）出土于牛河梁第二地点四号冢5号墓。泥质红陶。敛口，圆唇，短领，广肩，圆鼓腹，小平底。下腹部有一对竖桥状耳。器表通体施红陶衣，肩腹部绘勾连涡纹带，近口沿处绘四周平行线纹，间饰斜宽带纹四组。器盖似倒置的钵碗，顶部有桥状小组，饰勾连涡纹黑彩纹带。通高40.4厘米。彩陶瓮的出土说明牛河梁遗址早期墓葬除了随葬玉器，也随葬陶器。

图2-10　带盖彩陶瓮（罍）绘图（刘迪 作）

牛河梁有诸多遗址点，是不是仅第二地点有下层积石冢与上层积石冢呢？回答是多个红山文化遗址点都有下层、上层积石冢之分。这是一个普遍现象。牛河梁遗址第三地点也是先建下层积石冢，然后营建上层积石冢。有了从第二地点四号冢区分出上层、下层积石冢的经验，考古工作者于1998-1999年对第五地点进行了后续发掘，发现牛河梁遗址第五地点同样有下层、上层积石冢，更有意义的是发现下层积石冢之下还有先民的居住址。2002-2003年，为了更好地编写《牛河梁——红山文化遗址发掘报告》，考古工作者提出了一个问题：牛河梁第十六地点有没有下层、上层积石冢之分？重新验证一下吧，把已经回填的土方全面揭露出来。结果证明与其他地点一样，仍然有下层、上层积石冢之分。2004年开始发掘的朝阳市半拉山红山文化遗址，也明确区分出下层、上层积石冢。

与下层积石冢比较而言，上层积石冢的墓葬规模更大，营造更规范，墓葬的朝向多为东西向。墓中的随葬品主要为玉器。玉器造型更加丰富，工艺更加精巧，数量更多。因为对上层积石冢另有专章详述，这里不多做展开。

下层积石冢，与上层积石冢是相对而言的。下层积石冢的营建时间要早于上层积石冢数百年。与上层积石冢相比，下层积石冢虽然"简单"，但意义非凡。试看下面分析。

第一，红山文化下层积石冢不仅表明红山文化已经跃升到一个新阶段，而且证明其自身有重要的文明成就做支撑。红山文化文明成就是人类漫长生产生活等实践活动积累的结果。

古人是怎样积累文明成就的？《礼记·礼运》篇有一段经典的概括："昔者先王未有宫室，冬则居营窟，夏则居橧巢。未有火化，食草木之实，鸟兽之肉，饮其血茹其毛。未有麻丝，衣其羽皮。后圣有作，然后修火之利。范金合土，以为台榭宫室牖户；以炮以燔，以亨以炙，以为醴酪。治其麻丝，以为布帛。以养生送死，以事鬼神上帝。皆从其朔。"这一段话是了解红山文化及了解上古史的最精髓的指引，比其他国家的相近表述至少早了2000年，而且更为精准，可惜以往被人们忽略了。这段话用现代汉语表述出来意思如下：从前，先王没有宫殿房屋，冬天住在用土垒成的窟中，夏天住在柴薪上。那时不会用火加工食物，吃的是草木的果实、鸟兽的肉，喝鸟兽的血，穿用它们的皮毛。也没有麻和丝，用鸟的羽毛和兽的皮革做衣穿。后来出现了圣人。圣人的功绩，一是学会用火；二是用模型铸造金属器物；三是和泥土烧制器物，建造台榭、宫室、窗子和门户；四是原来人们直接在火上烧烤食物，现在学会了以陶器为媒介，用火烧熟食物、酿制甜酒、煮果实浆液；五是制麻和丝、用来做成衣服；六是学会料理丧事、祭祀鬼神上帝。中国先民竖起上述6个里程碑，后来的文明都是从这些基础开始的。上述古人关于远古的记忆，今天看来大体符合人类文明发展过程，尤其符合红山文化的发展历程。

红山文化下层积石冢与居住址有密切关系，即以筑巢文化为坚实基础，且发生在人们筑巢之后。众所周知，人类有过穴居野处阶段。《韩非子·五蠹》篇说："上古之世，人民少而禽兽众，人民不胜禽兽虫蛇。有圣人作，构木为巢以避群害，而民悦之，使王天下，号之曰有巢氏。"《庄子·盗跖》篇说："古者禽兽多而人民少，于是民皆巢居以避之。昼拾橡栗，暮栖木上，故命之曰'有巢氏之民'。"《太平御览》卷七八引《项峻始学篇》说："上古穴处，有圣人教之巢居，号大巢氏。"大约从距今1万年起，人类告别了山洞，到山区居住。到距今8000年前，房屋建筑已经有了规划且已成型。兴隆洼文化聚落为我们展示了8000年前古人居住的模式。人类在距今6500-5000年的红山文化时期，房屋建筑达到了一个新的水平。

人们从住山洞等利用自然物遮风挡雨，到能够建造简单的遮风避雨之所，再到能够建筑完整意义的房屋，成为中华文明发展演进过程中的一个标杆，后世的建筑以此为基础不断进行改进。营建下层积石冢是以筑屋技术为基础，同时也是筑屋技术应用的延伸。

更重要的是红山文化下层积石冢时期，彻底告别了原始社会的对待死者的做法和态度。上古人类不葬死者。《孟子·滕文公上》说："盖上世尝有不葬其亲者。其亲死，则举而委之于壑。"已知我国最早有掩埋祖先尸体行为的是旧石器时代的北京山顶洞人，距今约3万年。山顶洞洞穴西半部深约8米处的下室发现了中国迄今所知最早的埋葬。为了防止死者被野兽吃掉，同时也是为了使死者得到永恒的安息地，山顶洞人将死者埋葬在下室。初期埋葬死者不用棺材，不起坟墓。以后为了便于辨认和纪念，逐步起坟修墓。《周易·系辞下》说："古之葬者，厚衣之以薪，葬之中野，不封不树，丧期无数。后世圣人易之以棺椁。"正是这种情况，人类由最初不葬死者到山顶洞人时期掩埋死者，再到设棺椁及厚葬死者，正是《周易·系辞下》接下来所说的情况，"太古之人，朴而未散，哀乐之情无系也。故生而求充其体，死而葬诸中野，以为无知而异类也。后世淳漓情智外散，故亲其亲，子其子，而哀乐恶欲之心盈矣。是以圣人因遵其情，而成其教明，神道立上，下修五礼，设五教以养生送死，以达其情而天下听矣。设棺椁，穴地而葬之，其象入于泽也。其义不忘死而过厚之也。是以取诸大过。""太古之人"，为山顶洞人之前的人们；之后为"后世淳漓情智外散，故亲其亲，子其子"之人；"圣人"时代是指新石器时代开启之后出了伟大人物的时代。距今8000年的兴隆洼文化遗址，活人在房屋上层住，死者埋在屋地下层，活人和死者共住一室。这是对死者最好的纪念方式。到了牛河梁红山文化时期祭祀方式更多样化，出现了墓祭、积石冢祭，营建了下层积石冢。在下层积石冢之上又营建了上层积石冢。

第二，红山文化下层积石冢不仅对死者增强敬意，而且代表了先民对生命的新看法。人们对死者的态度反映了对生者、生命的态度。怎样对待死者的问题与怎样埋葬死者相关，所以我们通过下层积石冢讨论红山人怎样对待死者的问题是一个正确的路径。怎样埋葬死者，又透露出红山人对活人、对生命的态度。

我们要知道，人类对死者（祖先）的态度反映了人类的文明与进步，而且是很大程度的进步。起初人是作为动物存在的，不照顾死者，就是死在哪里扔到哪里。后来"举而委之于壑"，即举起来往沟里一扔。这表面上看不文明，实际上已经很文明了。怎么解释？在"举之而委之于壑"之前还有更不文明的阶段，在缺少食物的情况下把死者吃掉。如同有的动物会吃掉同类，那时的人和动物差不多。红山人能把死者（祖先）埋在地下，甚至将尸骨迁徙到更适合的地方，给他们以隆重的葬礼，这就是一种高水平的文明。牛河梁遗址为死者建墓，而且墓葬连接成片，冢和冢之间形成大的区域。牛河梁等红山文化遗址营建下层积石冢，对死者表达敬意，表明人们对生命的认识达到了一个新高度，同时也标志着中华文明形成过程中的一个新高度。

第三，红山文化下层积石冢不仅表明新型墓葬的形成，而且预示着在广大的范围内形成了对生命崇敬的新潮流。大家知道，红山文化下层积石冢为东北亚积石冢的源头，是最早的积石冢。牛河梁遗址红山文化积石冢的明确发现和系统研究，为以前在辽东地区曾经发现过的数量众多的积石冢找到了源头。于是有人提出辽西红山文化与辽东石墓文化有传承关系，进而推定辽东石墓文化是由辽西传播过去的。按此说，红山文化有向东传播的可能性，积石冢在辽西消失之后，在辽东出现。还可以有进一步的认识，红山文化向辽东传播，不是一般意义上的文化影响和传播，很有可能有红山文化先民迁移到了那里。

红山文化积石冢作为东北文化区石墓文化的源头，影响了辽宁的东南部、北部和吉林省西南部的积石墓，在广阔地区出现了积石墓、石棚墓和大石盖墓等，甚至在朝鲜半岛也出现了大致相同形制的积石冢。这说明这种以积石墓为形式的，对生命崇敬的新潮流在广大的范围已经形成。积石冢作为对生命崇敬新潮流的载体，同时也代表着红山文化，几千年来对广阔区域产生了广泛而持续的影响。目前这一影响还没有完全被揭露出来。

第四，红山文化下层积石冢不仅墓葬和随葬品出现了差别，表明社会等级已经初步产生。红山文化下层积石冢里的墓葬，多为竖穴土坑墓（敷石墓），有的为陶筒形器圈墓。有的没有随葬品，有的只葬陶罐、陶瓮（罍）一类的陶器，有的同时随葬陶器和玉器。在红山文化下层积石冢中出现玉器是一个重要现象，如第二地点下层积石冢 8 号墓中随葬 1 件斜口筒形玉器，第五地点下层积石冢一号冢 7 号墓中随葬 1 件玉镯（出土时套于墓主人右腕部，玉色碧绿）。随葬品多样化，并出现了差别，也就是出现了等级分化，这为后来社会等级差异的深化打下了基础。

红山文化下层积石冢的差别和等级问题非常值得研究。以往的研究者多注重把红山文化下层积石冢墓葬和随葬品，与红山文化上层积石冢墓葬和随葬品混在一起去研究两者的差别，引申出等级出现，产生文明的重要因素。这是一种方法。而从事物发展的过程来

第二章　发现牛河梁（下层积石冢篇）

说，红山文化下层积石冢本身也有差别，也有等级，而且是差别和等级的酝酿阶段、初始阶段，对研究红山文化后期的差别和等级更有原本性、更有意义。

延伸阅读材料一：

牛河梁遗址发现与发掘经过

牛河梁遗址是 1981 年全省第二次文物普查在建平县开展时发现的。1983 年开始正式发掘。

此前牛河梁遗址范围内的考古工作有：

20 世纪 40 年代，佟柱臣先生曾在牛河梁一带做过考古调查，采集到大块的彩陶片，并于 1943 年进行过报道，他还曾于"梁下农家""见到了缺去一角的勾云形玉佩饰"。这件玉佩 20 世纪 70 年代由凌源县文化馆征集，现藏于辽宁省博物馆。

20 世纪 70 年代，朝阳市博物馆曾在遗址区范围内发现一座汉代墩台。这座墩台于 1987 年秋做过试掘，确认为一处红山文化建筑址，汉代时曾作为墩台使用并在顶部筑有夯土基址。此遗址后被编为牛河梁遗址第十三地点（N13）。

1979 年，辽宁省文化局组织的全省文物普查试点工作中，在三官甸子村东北的城子山发现一处包括红山文化与夏家店下层文化的遗址，试掘中发现的 3 座出土玉器的墓葬，被确认为红山文化墓葬。1988 年在认定牛河梁遗址群的范围时，将这个遗址也包括在牛河梁遗址群内，编号为牛河梁遗址第十六地点（N16）。

1981 年牛河梁遗址发现的经过是：这一年由辽宁省文化局组织的全省文物普查工作于 4 月初在建平县开展。在全县公社文化站站长参加的文物普查培训班上，富山公社文化站站长赵文彦提供了一条当地群众收集出土玉器的消息，消息称该公社马家沟村村民家藏有一件"玉笔筒"。为了找到从20世纪70年代以来在辽西地区的朝阳、阜新和内蒙古赤峰市（当时称昭乌达盟）不断收集到的可能属于红山文化的一批玉器的出土地点和明确考古关系，培训班结束后的4月8日，郭大顺、李殿福（建平县文化馆专职文物干部）、赵文彦到马家沟村进行考古调查，在村民马龙图家见到了这件"玉笔筒"（是一件斜口筒形玉器）。他们根据马龙图和其他村民提供的线索，在村西一黄土山岗上找到了这件玉器的出土地点，并采集到红山文化彩陶片和石斧，确定为一处较为单纯的红山文化遗址。在遗址的西北角接近边缘处，还发现两处散落的人骨和石块，遂做了清理。其中的一处经清理，确定是一座砌石墓，随葬玉环饰1件，置于人骨的头部一侧；另一处在这座砌石墓的西侧约5米处，人骨方向与前者相同，但破坏较为严重，只发现1件残玉环，墓葬形制已不清楚。这处红山文化遗址后被编为牛河梁遗址第二地点(N2)，较完整的砌石墓被编为一号冢的第1号墓（N2Z1M1），另一残墓被编为一号冢的第2号墓（N2Z1M2）。还对遗址东部地形隆起较高且显示为大片黑灰土的地带进行试掘，发现石块砌筑的石墙和石墙下压的人骨。这处有大片黑灰土的隆起地带后被编为第二地点四号冢(N2Z4)。这次调查中，还从当地村民手中收集到双联玉璧和斜口筒形玉器各1件。

从1983年起，牛河梁遗址开始了正式的考古发掘工作。这一年的7月底，"燕山南北、长城地带考古座谈会"在朝阳市召开，会议安排了对喀左县东山嘴红山文化遗址的考察。与会学者以东山嘴遗址刚刚发掘出来的石砌建筑址、特异型陶器、陶塑孕妇小雕像、玉器以及遗址所表现出的祭祀性质，而对辽西地区的红山文化给予特别关注。会议的倡导者苏秉琦在会议期间提出了在喀左、凌源、建平三县交界地带多做工作的指导性意见，1981年发现的牛河梁遗址自然成为首选地点。于是，在当年的10月，由孙守道、郭大顺为领队，方殿春、魏凡、朱达、张星德组成的考古发掘队进驻遗址区，牛河梁遗址的考古发掘正式开始。虽然发掘工作开始时已是秋冬之交，田野工作只有不到 20 天的时间，却取得了三项重要成果：一是将第二地点的西部揭开，明确为一处红山文化墓地，且为积石冢性质；二是在围绕第二地点约 2 平方公里范围内又发现了 4 个红山文化遗址点，分别编号为第一、三、四、五号地点（N1、N3、N4、N5），其中第三、四、五地点的地貌和地表遗物散布情况与第二地点积石冢相同，从而得知在牛河梁一带分布的红山文化遗址，不只是一二处遗址点，而是一个遗址群，积石冢也不止一处，而可能为多处；三是在清理第一地点一片红烧土堆积时，揭露出一处庙址遗迹，根据已出土的多件具女性特征的塑像残块，暂称为"女神庙遗址。并由此进一步得知，牛河梁遗址群不是单一的类型，不仅有多处积石冢，而且有更为重要的庙宇遗址。

此后，在从 1984 年到 2003 年的 20 年时间里，牛河梁遗址的发掘工作基本没有中断。

（牛河梁遗址）第二地点（N2）

这个地点是牛河梁遗址中发掘时间最早、延续时间最长、工作量最大的一个地点。从 1983 年开始，一直进行到 1998 年。发掘面积约 6000 平方米。重要的发掘主要有以下几个项目。

一是群冢组合的确定

在 1983 年从西部揭露出的积石冢（编为第一号冢 N2Z1）工作的基础上，1984 年继续向东揭露，发现第二号冢（N2Z2）和第三号冢（N2Z3，后确认为祭坛），1986 年又向东揭露出第四号冢（N2Z4）和第五号冢（N2Z5）。1992 年又在第三号冢的北侧揭露出一处积石遗迹，暂编为第六号冢（N2Z6）。这样，经过多年的发掘，得知这个地点是由 6 个单体的积石冢或有关的积石建筑组成的群冢组合。

二是积石冢下、上层的确定

1986 年在四号冢南部石砌的冢界墙下较低的部位，揭露出一片以碎石铺砌的层位，在这个碎石层面上暴露出的陶筒形器遗迹，有排列成圆圈的趋势，当时辨认出的陶筒形器圈共4个，这4个圆圈遗迹又有东西成行排列的迹象。1987年在其中一个陶筒形器圆圈内的中心部位，发现一座小型土坑墓（编为第4号墓，N2Z4M4），这座墓葬虽未有随葬品，却得知这种墓上铺碎石、周围以成列陶筒形器环绕的墓葬，可能是另一种积石冢的墓葬类型。1993年在另一筒形器圆圈内的中心部位又发掘出一座土坑墓（编为第5号墓，N2Z4M5），坑壁立石板，墓内随葬一件彩陶瓮（罍）。此后的三年内，随着对碎石层继续向北揭露，碎石层与其上以较大石块堆砌的积石冢冢体和冢界的上下叠压关系逐步清晰起来，碎石层中也有更多的筒形器圈墓被发现和发掘。由发掘得知，这些被筒形器圈围在中心的墓，东西排列成行，墓的方向皆南北向，与四号冢上部和第二地点其他冢墓葬皆为东西向完全不同，筒形陶器的形制也同四号冢上部和该地点其他冢已见的筒形器有较多差别，遂从地层、墓葬方向、积石冢和墓葬结构、陶筒形器的形制演变等四个方面相对应的关系，明确了四号冢内这些以筒形器圆圈围绕、冢上铺碎石的墓葬，其时代要早于叠压于其上的积石冢，是为下层积石冢（发掘者或称为"敷石墓"）。第二地点其他冢未发现下、上层冢的叠压关系，现存都为上层冢，但都发现具有下层积石冢特点的陶筒形器。这样，就将第二地点的积石冢分出下、上两层的先后关系。此外，1988年还在四号冢的北部冢下清理一文化层，出土大量与居住址相近或相同的陶器。其年代要早于积石冢的年代。

三是冢体结构的分析

台的确认是认识牛河梁遗址积石冢结构的一次突破。这一认识是在编写发掘报告过程中在现场分析确认的。现知一号冢是在两座大墓四周筑冢台，外包冢界墙。二号冢是在中心墓的墓口以上筑冢台，冢台上封土后再砌冢界墙和台阶墙并积石。此外，四号冢的上层冢既有同一时期单元的东西相接，也有不同时期单元的方圆叠罗，冢体结构多变，冢内却缺少大型墓葬。显示诸冢结构各有不同的特点。

四是中心大墓的确定

此墓位于第二号冢的正中央，墓壁砌出台阶，墓口上砌一方形冢台，冢台上封土后再砌冢界墙并起三层台阶，形成冢体，结构规范而规模超群。可惜墓葬已被扰动一空，墓内未发现任何随葬器物，人骨只遗有一枚残牙齿，据推测可能是早期被盗，也可能与当时较为盛行的迁葬有关。1994 年在这座冢又发现其他墓葬，它们都位于这座中心大墓的南部，其中的一座为在南部一侧墓壁起台阶的墓。

五是各种类型墓葬和重要墓葬的发掘

第二地点先后共发现墓葬 45 座。除四号冢有属于下层积石冢的 10 座墓葬以外，其余 35 座都属于上层积石冢。其中又以第一号冢发掘墓葬最多，最具代表性……

本文选自《牛河梁红山文化遗址发掘报告（1983–2003 年度）》（上），文物出版社，2012 年，第 5–8 页。

延伸阅读材料二：

苏秉琦先生考古学研究方法初探

苏秉琦（1909–1997），考古学家。1979 年中国考古学会成立时被推选为副理事长，1986 年任理事长。苏秉琦先生从对瓦鬲所作的研究、对仰韶文化的分析、对考古学文化区系类型理论的创建，到提出中国文明起源的古文化古城古国和重建中国古史的三部曲（古国—方国—帝国）和三模式（原生型、次生型、续生型）的系统理论，为建立中国特色的考古学派作出了开拓性贡献，由此苏秉琦先生被公认为中国考古类型学的奠基人、解剖仰韶文化的典范、指导重建了中国 5000 年文明史。

苏秉琦先生是伟大的考古学家。重温苏先生的教诲和研究结论无疑是重要的，但更重要的是研究先生得出诸多重要结论的方法，以便找到"进一步研究的出发点"（恩格斯语）。

一、找到代表性器物的方法

在若干考古遗物中，有一种器物是典型的，决定其他器物，处于支配地位。苏先生注意找到了这样的代表性器物。20世纪30年代，苏秉琦先生找到了陶鬲这种器物——"中华古文化的代表化石"，通过对陶鬲的排比，追溯到中华古文化的始源与流变问题。20世纪50年代，苏秉琦先生找到了两种小口尖底瓶（壶罐口、双唇口）、两种花卉（玫瑰花、菊花）和两种动物彩陶（鱼、鸟）图案，区分出仰韶文化半坡类型和庙底沟类型。由这些特殊的器物出发，苏先生展开了他的学术研究活动。

二、抽象出文化符号方法

在找到代表性器物的基础之上，从诸考古文化中抽象出文化符号。仰韶文化的文化符号是"华山玫瑰"，红山文化的文化符号是"燕山龙"，内蒙古河套地区诸文化的文化符号是"罋与瓮"，从陶寺到晋文化的文化符号是磬和鼓。各文化符号概括了诸考古文化的特殊性、本质性和规律性。

三、把抽象还原为具体方法

苏先生找到代表性器物、抽象出文化符号，主要运用的是科学抽象法，这是研究的一个阶段。在找到代表性器物、抽象出文化符号科学抽象的基础上，苏先生又从理论上完整地再现事物多样性，把抽象还原为具体。苏先生的区系考古类型理论昭示的正是由抽象到具体的方法，具体展开就是6个中国人口密集地区在万年以内逐渐形成相对稳定的六大文化区系。这个方法论在考古界乃至其他领域都产生了较大影响。

四、科学联想方法

科学联想是以科学的方法把一事物与另一事物建立起关系。突出的例子是苏先生由仰韶文化的"花"联想到"华""华山""华族""华人";由红山文化的"龙形（包括鳞纹）图案"联想到"龙的传人"。苏先生还从东山嘴和牛河梁遗址联想到："远在距今五千年到三千年间,生活在大凌河上游的人们,是否曾经利用它们举行重大的仪式,即类似古人传说的'郊''燎''禘'等祭祀活动?"

五、科学思辨方法

苏先生运用科学思辨方法,从诸考古文化关系中抽象出文明起源的三种形式：裂变、碰撞与融合；以朝阳东山嘴、牛河梁红山文化坛庙冢遗址发现为起点,从诸考古文化平面和立体发展的关系中概括出辽西"古文化古城古国"的著名论断；从红山文化、良渚文化、三星堆遗址等所反映的文明递进关系中抽象出了中国文明起源和国家形成的"三部曲"（古国—方国—帝国）和"三模式"（原生型、次生型和续生型）。

六、文献与考古资料对照方法

苏先生说："多少年来梦寐以求的历史与考古的结合终于找到了一条理想的通路。"这就是文献与考古资料对照方法。苏先生对尖底瓶的研究对照了甲骨文,他认为甲骨文中的"丙"和"酉"字,其形状就是尖底瓶的形状。苏先生关于重建中国史前史理论的论述,参照了我国古籍中许多文献和远古传说,参照了《史记》《五帝本纪》《尚书》《孟子》等文献。

七、科学展望方法

苏先生对考古学的前瞻与展望,主要是提出从考古学上追寻中华文化的根,复原五帝时代的历史；中国的考古学要面对未来,古与今接轨；中国的考古学要走向世界,与世界接轨；提出世界文明一元的主张；注意从考古学上寻求人与自然关系的和谐,等等。

本文引自雷广臻 2009 年 10 月在辽宁省朝阳市召开的"纪念苏秉琦百年诞辰暨牛河梁遗址发现 30 周年大会"上的发言稿,原载《苏秉琦先生百年诞辰纪念文集》,科学出版社,2012 年。

红山文化女神庙和庙后山台在 5000 年前的中华民族历史上是独一无二的。

女神庙和庙后山台建在红山文化下层积石冢形成之后，所以在关于"下层积石冢"一章之后，开始探讨红山文化女神庙和庙后山台。

红山文化女神庙和庙后山台，是红山文化研究的热点和重点之一，争论较大。甚至有人怀疑是否有女神庙存在。本章对女神庙各要素的分析和叙述当为首创。何以为庙？要有标准。本章详细分析了女神庙各要素（标准），按照庙的组成要素（标准）来衡量，红山古国确实存在过女神庙。

本章还分析了女神庙的动物神和山台。关于山台，采纳了考古发掘工作所得到的最新成果，并结合整个牛河梁红山文化遗址的结构和布局，对山台的社会意义进行了分析。

阅读本章，进入了红山文化"大厦"的新领域。

第三章　发现牛河梁(神庙·山台篇)

女神庙和山台是一片神奇的处所。为了方便介绍，先引用古希腊哲学家亚里士多德说过的两句话："在我们所知道的所有活物中，唯有人具有神性。""人身上可与神相比的成分的作用就是进行思维活动和发挥聪明才智。"亚里士多德说的这两句话是什么意思？第一句话主要讲的是人与动物的区别、人的高贵之处。只有人对生养抚育他的祖先，甚至对同类之死做出丧葬安排，体现对生命的尊重；只有人对赐给食物的环境、给予温暖的太阳等，予以十分虔诚的尊重；只有人在精神上永无止境地探求，对物质创造和精神升华给予无限空间。人高于动物之处在于上述"神性"。红山文化先人体现了人类的这种"神性"，而人之外的其他动物则没有这些创造性和主观能动性。第二句话主要讲人怎样体现"神性"。如果有什么"神"的话，人可以与"神"相比的（不亚于神的）在于人"进行思维活动和发挥聪明才智"，也就是说人的"神性"主要体现在人的精神活动和实践活动等方面。万物之中人为贵，其中红山人尤其聪明、可贵。

红山文化先民进行有关"神"的活动，也是"进行思维活动和发挥聪明才智"，换句话说，红山人进行有关"神"的活动是为了扩大生产、提高生活、延续生命和扩展精神，以上四个方面简称红山文化的"四生"。生产、生活、生育、生灵（包括社会组织）的"四生说"是全面系统研究红山文化遗存的思维框架。生产，主要指物质生产，包括生产环境、生产工具、生产产品等，是红山文化的基础；生活，主要指生活遗存、生产基础上的生活状态；生育，主要指通婚关系，如成年男女合葬墓等遗存，为血缘人际关系和社会关系的内核；生灵，主要指精神生活的遗存，如神庙、山台等祭祀遗址，玉器等祭祀物品等，为意识形态、礼仪形态和社会组织形式。

红山人营建女神庙和山台，就是"四生"的集中体现。红山文化的"生灵"达到了开启文明的高度。

第一节　发现女神庙

东山嘴红山文化遗址和牛河梁红山文化遗址的发现，让世人惊讶，让苏秉琦等考古学家无比兴奋。而当牛河梁女神庙和女神像等被发现时，只能用兴奋异常来形容苏秉琦等考古学家们了。

女神庙遗址发现于凌源市至建平县101国道公路以北，在接近牛河梁主梁顶部的一处低洼平展处。现在这里被标为牛河梁第一地点第一建筑址，处在牛河梁遗址群的中心，为牛河梁遗址的最重要的遗址之一。1983年秋，考古工作者在一片野草和小树覆盖、间有自然冲水沟的区域勘察，有人在冲水沟里发现了红陶块。是什么？细看是人体塑像的残件。周围一定有更重要的东西。于是考古工作者继续在周围勘察，终于在冲水沟的东边揭露出庙址。冲水沟里发现的红陶块（人体塑像的残件）当是从庙址散落出来的遗物。考古工作者清理了地表杂物，确定庙址的大致位置和边缘，为南北分布，北偏东20度。经过三年的考古发掘，女神庙终于重见天日。

女神庙在红山文化的哪个时期营建的？牛河梁遗址一般分为三期：第一期为下层遗存；第二期为下层积石冢阶段；第三期为上层

积石冢阶段。在第二期（下层积石冢阶段）与第三期（上层积石冢阶段）之间，红山人营建了女神庙。《牛河梁——红山文化遗址发掘报告》明确指出："'女神庙'应是在下层积石冢形成时或形成后始建，上层积石冢形成之前完成的。"报告又进一步说明："其具体过程大约是：先筑下层积石冢，后筑'女神庙'，然后以'女神庙'为中心，上层积石冢陆续形成。"［辽宁省文物考古研究所编著：《牛河梁——红山文化遗址发掘报告》（中），文物出版社，2012年，第469页］这两句话极其重要，点明了牛河梁遗址的营建时期和营建顺序：下层积石冢→女神庙→上层积石冢。女神庙建在下、上层积石冢之间，即下、上层积石冢之间有一个女神庙阶段。这也是本书把下层积石冢与上层积石冢分开研究、分两章来写的重要原因之一。

苏秉琦先生等考古学家为什么对女神庙的发现兴奋异常呢？苏秉琦先生称牛河梁女神庙为"海内孤本"。

古人认为，人的脚下是地，人的头上是天，半圆形的天罩在四方形的大地上；大地的四周是四海，即东、西、南、北海，所以古人称国境之内为海内，四周的四海为海外。"海内孤本"，就是海内独一无二、在中华大地只此一个，"别无分店"（张忠培先生语）。

"海内孤本"、独一无二的发现怎么能不让人兴奋异常？那么又要接着问，为什么让人兴奋异常？因为在中国的传统文化中，庙太重要了！

庙，有多层次的含义。古代一般把供奉祭祀祖宗神位的处所称为庙，如家庙、宗庙。也把供奉祭祀影响巨大的重要人物的处所叫作庙，如孔庙、关公庙。中国古人立庙祭祀祖先、祭祀英雄是一个传统。立庙奉祀，称为庙祀；受人奉祀，享受祭飨，称为庙食。红山文化女神庙当为祖宗之庙（人神之外，兼有动物神）。

中国人对祖宗有无以言表的特殊感情。什么是祖宗？对始祖及先代中有功德者的尊称，有时指一个家族的较早的上辈、祖先，有时指一个部落或民族的祖先，有时特指帝王的祖先，有时指始祖，有时专指祖先的神主牌位。祖宗，就是根脉、祭祀之源头；祖宗之德会荫及后人；古人认为祖宗所定之法，后人不敢违，要崇尚、效法。

在中国传统文化中，祖宗是神圣不可侵犯的。祖宗的陵墓、神庙更是神圣不可侵犯的。古人围绕祖宗崇拜形成社会"道德"，形成价值判断标准，乃至形成维系社会的力量。祖宗、祖宗陵墓、祖宗神庙的至上性，在红山文化中也有突出的体现。

红山文化遗存显示，维护祖宗、祖宗陵墓、祖宗神庙的至上性，承继祖宗德行、崇尚祖宗之行、效法祖规祖制，最好的最通畅的途径就是祭祀。古人祭祀祖宗的途径多多，建筑庙宇祭祀是级别最高的一种。

第二节　神庙的确定

确定了女神庙的大致位置和边缘，清理出相关遗物，怎么能确定牛河梁遗址的这些相关发现就是女神庙呢？

牛河梁女神庙是不是神庙的疑问，不仅来自民间，而且来自专家。在已往牛河梁遗址申报世界文化遗产的过程中，不止一位专家对女神庙的属性提出了疑问，理由是庙宇只有 75 平方米，太小了，可能不是庙，可能是女神塑像的"储存之所"。之所以产生这些疑问，都是研究不深入、详情不了解、匆忙下结论所致。

确定一处遗址是不是庙，怎么判断？要有标准。符合标准则是庙，不符合标准则不是庙。标准也不能从牛河梁女神庙提出，而是要由自古以来关于庙的普遍性提出。

自古以来，关于庙的标准是什么？即符合哪些方面的要求才是庙？一般有以下几条：有庙宇（建筑物），有神主（神像），有祭器和祭品。当然还要有祭祀者（信众）。关于最后一条，推测红山文化时期是有祭祀者的，但人均已死去，不好确定，所以这一条可以隐去不论。

下面一一对应介绍。

首先有庙宇。在发现牛河梁女神庙的地方，自北而南，分出中室、北室、东室、西室和南部三连室，大约 7 个单元，相互连通，称为北多室。北多室南北长 18 米，东西宽约 9 米，最窄处 2 米。北多室以南 2.65 米处有一单室，称为南单室，横长 6 米，宽约 2.65 米。北多室与南单室总面积约 75 平方米。

建筑的房屋是大是小，由当时的建筑技术和建筑经验决定。没有钢筋水泥的时代，如果建较大的房屋，需要有卯榫结构的木梁架起。从现在的考古材料看，红山文化时期的古人还没掌握卯榫结构技术，所以只能根据当时建筑技术和经验来建筑房屋。房屋的高度由什么决定？由当时当地可利用树木的高度决定。房屋的宽度（跨度）由什么决定？也由当时当地可利用树木的高度决定。红山人利用当时的建筑技术和经验以及主体建筑材料，只能修建 75 平方米左右的房屋。

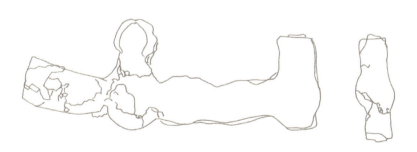

图 3-1　女神庙平面示意图　（丁佳倩 作）

女神庙分北多室和南单室两部分。北多室可分出圆形中室，长方形北室，圆形东、西室和南部约三室（两圆室一长方横室）。各室的墙壁均呈现出一定的弧度，整体像一个"十"字形。

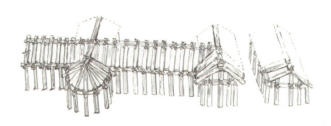

图 3-2　女神庙结构示意图　（丁佳倩 作）

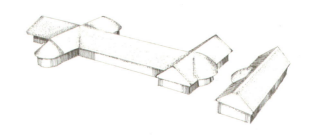

图 3-3　女神庙复原示意图　（丁佳倩 作）

　　根据女神庙残存的地下部分，可知墙壁的筑法是先紧贴生土圹壁用直径 5 厘米-10 厘米的原木为骨架，结扎禾草秸巴，再敷上厚度 3 厘米-4 厘米的底泥，然后抹两至三层细泥。室底和壁面经过不同程度的火烧，平面坚实。从南单室四边成排分布的炭化木柱分析，地上墙壁的建法是，先立置直径约 5 厘米的成排木柱，柱两侧贴成束的禾草，再涂草拌泥土，形成墙面。庙址内未发现石质建筑遗迹和遗物，故可知庙主体为土木结构，建筑材料中不包括石料。

　　经过考古学家发掘，确定女神庙是一处房址，性质为祖庙。女神庙分地下和地上两部分，为土木结构建筑。建筑的方法是先从地表向下挖 0.8 米左右的"地穴"，将木柱插埋在围绕穴口边缘的地上。木柱向上支起整个建筑的骨架，还用泥塑仿木构件与木柱搭配形成地上建筑。女神庙的墙壁、木柱和仿木构件都捆上植物的秸秆，作为筋骨，外面糊泥，并抹压平滑。墙壁和仿木构件起多层，有的层面布满如蜂窝状圆洞。最外面还有彩绘的壁画作为墙面的装饰。壁画多为赭色，个别为红、白色或二色、三色相间，图案为几何形三角纹和勾连纹。有人称，这是中国绘画之始，研究中国绘画的源头应该到这里来。

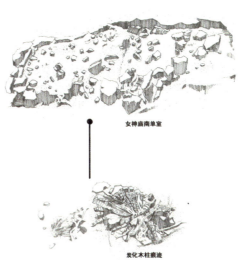

女神庙的地上部分可能在 5000 前就毁损了。因为女神庙的南单室发现炭化木柱痕迹，说明神庙用立木做柱，可能毁于火。至少当时的南单室毁于火。

女神庙南单室

炭化木柱痕迹

图 3-4 女神庙南单室及炭化木柱痕迹示意图 （**丁佳倩** 作）

庙的墙体使用了类陶质材料。中国社科院考古研究所赵春燕对女神庙出土墙皮残片进行检测，含沙比例大约 46%；化学成分二氧化硅约占 62.51%，氧化铝约占 18.62%，氧化铁约占 6.72%，氧化钾约占 2.96%，氧化镁约占 2.3%，氧化钙约占 2.1%，氧化钠约占 1.7%，还有钛、磷、锰、铜等元素；吸水率 23.87%，烧失量 2.64%，烧成温度在 500℃-850℃之间。一般来说，陶器与瓷器具有相关性，主要区别之一在于助熔剂氧化铁的含量：氧化铁含量约在 6% 以上为陶器，氧化铁含量约在 3% 以上为原始瓷器，氧化铁含量约在 1% 为瓷器。牛河梁女神庙墙皮氧化铁含量约占 6.72%，属于陶器范围。朝阳师专张金良老师也对牛河梁女神庙墙皮的残片进行了检测，得出了相同的结论。女神庙墙皮使用类陶质材料有什么意义？一是更加坚固，二是加强了防水的效果。

毫无疑问这里是一处房址。那么怎样确定这处房址的性质是庙宇呢？

庙宇里要有神主，要放神像。在女神庙恰恰发现了被供奉的神像。在庙址内出土了若干人体塑像残件。有人的头、鼻、耳、手、手臂、肩、腿、乳房等部位的塑像残件。这些残件都是某个人体塑像的组成部分。制作塑像时用草拌泥，和中国后世制作神像的使用材料一致。如果用泥制作的偶像再用火烧制，一般称作偶，而不称作神像。牛河梁红山文化用草拌泥塑造神像开创了一个先河。

人像残件中出土于中室西侧的人像头部格外引人注目，现在一般称作女神头像。苏秉琦先生认为女神像当以真人为模特塑造而成，是有依据的。从痕迹看，塑造时用成束草把做骨架，外层为泥塑。人像为高浮雕，方颅阔面。额顶有箍饰，推测有帽饰；鬓角有从上到下的系带突出于脸侧，推测为固定帽饰之用；眼眶内嵌玉石以示目，检测为滑石，正面圆鼓磨光，背面中心作出凸钉。右耳完整，左耳残缺，近耳垂部位有一穿孔，推测戴有耳饰。在塑造时上唇以下用贴面手法，贴面有似蚌壳的痕迹，用以表现牙齿。起初没有发现鼻子。后来有工作人员在不远处一个小沟里发现了一个鼻状物，取回放在人像头部缺少鼻子处，正好吻合，恰是缺少的鼻子。一个相对完整的人像雕塑头部被发现了。

图3-5 泥塑红山女神头像及红山女神复原像（**赵成文** 作）

女神头像前额饱满，双颧骨突出，下颌圆润，有蒙古利亚人种的面部特征。

根据头部和耳部的细节可知，红山人为女神佩有发饰或冠饰，以及耳部装饰品。2008年，受朝阳市委托，中国刑事警察学院原首席教授、刑事相貌学专家、痕迹考古学家赵成文教授复原了牛河梁女神像。

考古学家发现，在庙址里人体塑像不是一个。另外在庙址发现人的鼻子1件；耳朵4件；手3件，均为左手；乳房2件；上臂2件，一件为圆雕与浮雕结合的左上臂，内面露有带草禾的残面，该左上臂残件的空腔内遗有灰白色骨骼碎片，另一件上臂打磨光滑的表面，好像涂有红衣；肩部1件，泥胎较为细腻。在庙址之外的冲水沟内发现多块人像残块，其中手臂1件，腿部2件，乳房2件。庙址之外冲水沟内发现的人像残块应该是从庙址冲出去的。经统计，有6-7个人体塑像，有真人大小、真人二倍大小、真人三倍大小三种规格。

1987年9月，苏秉琦先生在牛河梁遗址的考古发掘工地住了3天。郭大顺回忆说："苏先生非常仔细地观摩了女神像。"此后，苏秉琦高度评价说："女神像是由5500年前的红山人模拟真人塑造的神像，而不是由后人想象创造的'神'，'她'是红山人的女祖，也就是中华民族的'共祖'。"

图 3-6 苏秉琦先生在牛河梁考古工作站观摩女神头像（**陈灵美** 作）

这里列举人像和人像残件的发现情况，目的在于要说明庙宇里有神主（神像），而且不止一个。

有庙宇、有神主，构成神庙的要素仍然欠缺。缺什么？缺祭器和祭品。在女神庙址发现了在使用时被二次火烧的陶塔形器，涂红衣。陶塔形器当为一种祭器。另外，在女神庙址发现了熏炉器盖，形如倒置的豆，盖面镂孔为长条纹。熏炉器盖（及熏炉器），当为另一种祭器。还发现了另一种祭器圈底钵形器。在庙址东部窖穴发现了兽骨（鹿骨），还有烧土。兽骨（鹿骨）等当为祭品之一。这样祭器和祭品都齐全了。

熏炉器盖发现于女神庙内。为泥质红陶。形如倒置的豆。柄呈喇叭状，盖的沿腹间起明显折棱。盖面饰篦点式压印"之"字纹五周，盖面有镂孔四组间小泥饼4个，喇叭状柄口与柄体交接处和盖面与盖口交接处各饰一周附加锥刺纹。盖面镂孔为长条状，每组5条，间距相等，以中间孔最长，至柄根部，两侧各二孔，长度递减。口径11.7厘米、高8.4厘米、柄孔径2.33厘米。

图 3-7　熏炉器盖（复原）绘图　（刘迪 作）

图 3-8　圈底钵形器（刘迪 作）

圈底钵形器，发现于女神庙内。泥质红陶，火候较高。宽折沿，腹甚浅，底圈。口径10.5厘米、高3.4厘米。

另外，女神庙南部有3处灰坑。其中一处灰坑在女神庙以南10米，灰坑内有陶塑件1件，板状长条形，涂黑彩；陶器有筒形罐、斜领罐、彩陶罐片、钵、圜底钵形器、方形器、方鼎形器、折腹盖盆、盖盆片、塔形器等；石器有尖状器、砺石研磨器；另外有兽骨。因为此处灰坑与女神庙祭祀活动有关，所以肯定也是祭器、祭品一类的残件。

通过上面的分析，女神庙有庙宇（建筑物）、神主（神像）、祭器和祭品。诸要素齐全，可以确定性质是庙。

至于认为女神庙只有75平方米，可进去的人很少，可能是女神塑像的"储存之所"问题，也可以做出回答。神庙与庙后的山台是连在一起的，多数人的活动在山台上，只有少数"首领"级的人物才能进入神庙活动。神庙与山台功能明确，只有75平方米的神庙完全可以容纳"首领"级人物。因此，女神庙是完整意义的神庙，而不是女神塑像的所谓"储存之所"。

第三节　女神庙中的动物神

女神庙的内涵非常丰富，庙址里不仅发现了多尊人物塑像，而且发现了兽类（熊）、禽类（鹰）雕塑。

兽类（熊）雕塑，一个残件发现于女神庙中室顶部，头部朝北，遗留的吻端保存完整，有两个椭圆形的鼻孔；短耳，耳端部起圆尖；双爪，均显示四趾及关节。无独有偶，在南单室中部发现的兽类（熊）雕塑，为较长的下颌，长长的獠牙，獠牙上涂白彩。

禽类（鹰）雕塑，出土于庙的北壁，有爪和翅膀。两爪，

图3-9　女神庙出土的泥塑熊残件及其
　　　　复原像示意图　（刘迪 作）

各存一侧的二趾，每趾三节，弯曲而并拢，关节明显，趾尖突出；右翼翅膀保存较好，三分翅，有中脊。

图 3-10　女神庙出土的泥塑猛禽残件及其复原像示意图（刘迪 作）

女神庙中为什么有动物塑像呢？说明与人神（女神）同在的还有动物神（伴神）。说明红山文化时期的人与动物的关系十分密切，这一点非常重要。

红山文化时期的先民崇尚鹰，雕塑了鹰的翅膀和爪（可能是鹰雕塑的部分残件），供奉在神庙里。在红山人眼里，鹰在诸多动物中处于重要的位置。红山人为什么崇尚鹰呢？鹰和人有什么关系？古时鹰能启发人类，也能帮助人类。鹰能展翅飞上蓝天，自由自在。在捕猎的时候，一个俯冲就能将猎物抓在两只鹰爪当中，抱入半空，这是对人的一种启发，或者说人很羡慕鹰的技能。从古至今都有诗歌赞赏雄鹰，以鹰为母题绘画、制作雕塑。除此以外，鹰和人类还有密切关系。原始人发明了农业后，逐渐有了剩余的粮食，老鼠就活跃起来，与人争粮食吃。这个时候有两种动物能帮助人类，一个是蛇，另一个就是鹰，这两种动物都能捕鼠。红山文化玉器中有许多是鹰或猫头鹰的造型。另外一种解释，在原始社会的生物链中，人们生活的条件非常恶劣，那个时候的房屋不够坚固，即使用木柱支起，再用植物的秸秆贴封，糊上泥，但是蛇和鼠也可以挖洞钻进屋里。尤其是夜间的时候人们要休息，老鼠和蛇就进来了。这个时候有什么动物帮助了人类呢？那就是猫头鹰。猫头鹰是在夜间活动的，抓蛇捕老鼠。为祸人类的蛇鼠被猫头鹰捕获了，所以人们崇拜鹰类。在食物链中，猫头鹰、老鹰吃蛇和鼠，蛇吃鼠。我们在红山文化遗址区的沙地考察，发现那里的岩画上到处是猫头鹰的大大的圆眼睛。这不是一个偶然的现象。

女神庙发现的熊掌和熊的下颚骨等雕塑，可能是熊的整体雕塑的一部分。说明红山人和熊也有着非同寻常的密切关系。有专家认为红山文化玉猪龙，也可以称为玉熊龙。实际上，红山人崇拜野猪的同时，也崇拜熊。如果红山玉龙是熊龙的话，那就与另一个重要的古史问题联系起来了。《史记》中提到黄帝族是有熊氏。如果红山玉龙是熊龙，红山人崇拜熊，那么黄帝部族就有生活在北方的可能。这个问题可以再讨论、再认识。

牛河梁女神庙把人神与动物神一体供奉的情况，说明红山文化时期人依赖动物，与动物关系密切，同时人对动物有崇拜之情。当然需要进一步说明的是，虽然人神和动物神供奉在同一个庙里，还是以人神为主宰的，命名为女神庙是没问题的。因为既有人神，又有动物神，也可以叫作神庙。为什么要突出这一点呢？因为在以往的研究中，对于动物神的关注还不够。

通过以上的分析，庙宇、神主、祭器、祭品（供物）以及伴神（动物神）都齐全，一个完整意义的神庙已经呈现出来。

图 3-11　庙堂、神主（女神）、供物和伴神共出一室示意图（**王书鸿** 作）

第四节　女神庙沉思

　　女神庙、女神头像及动物神像的发现，触动了苏秉琦先生。苏秉琦先生提出了振聋发聩的见解："'女神'是由 5500 年前的'红山'人模拟真人塑造的神像（或女祖像），而不是由后人想象创造的'神'，'她'是红山人的女祖，也就是中华民族的'共祖'。大量共生的玉器、陶器反映的'华与龙'的结合，充分说明了这一点。"（苏秉琦：《华人·龙的传人·中国人——考古寻根记》，辽宁大学出版社，第 103 页。）

　　女神像确实是对真人的摹写和塑造。虽然塑像所用的材料是泥，经过 5000 多年有些变形，但依然能够看出塑像面部线条流畅、五官比例合理。女祖、共祖之说，如何理解？女神不是一个小区域、小部族的祖先，是更广大范围、走向集中的部族的共同祖先。这个甚至高于部落联盟之上的社会组织，不仅指红山文化的自身人口，甚至包括了中原的"华人"。苏秉琦先生进一步指出：在红山文化与中原文化（主要是仰韶文化）的结合部，大量玉器、陶器共生，反映了华（中原文化，主要是仰韶文化）与龙（红山文化）的结合，充分说明了"红山人的女祖，更是中华民族的共祖"。

怎样阐释红山女神和女神庙的内涵？红山女神和女神庙体现了古人崇贤能、重实绩的崇拜取向。根据中国古代重要儒学经典《礼记》的记载，古人崇拜那些为人类社会和文明进步做出过重要贡献的人物。红山女神像为某个原型人物而塑。结合儒学经典可以推知，红山女神的原型人物一定是做出过某种重要贡献的人物。红山女神带给今人的一个重要信息是：谁有贡献就崇拜谁。这是一个民族繁荣昌盛的极为可贵的崇拜取向。

红山女神是中华文明形成过程中各文明要素"同根同源"的重要象征。与中华文明直接关联的史前考古学文化，主要有新石器时代的仰韶文化、红山文化、大汶口文化、河姆渡文化等等。现有的考古成果证明，上述新石器时代中国史前考古文化大多都有"女神"实像，而且对其稍作比较，就会发现各地的女神都很相像。这说明在 5000 年前，从辽河流域到黄河、长江、珠江流域，从甘肃、青海到渤海、黄海、东海、南海之滨，以女神为证，在中华大地上居住着"同根同源"的人种，这"同根同源"的古人创造了丰富多彩的史前文化，都为中华文明的形成做出了极为重要的贡献。

红山女神反映了古人重传统、重子孙后嗣的生生不息的生存观。红山文化是父系时代的文化。红山文化在父系时代仍崇拜"母祖"，不仅反映了中华民族任何时代都崇拜母亲的人性共性，而且反映了肇始中华文明的先祖对近 300 万年的母系时代辉煌历史的无限缅怀，同时反映了中华文明在奠基时就有了一个重要内核——希望子子孙孙永续、生生不息。

第五节　山台

女神庙坐落于牛河梁巨大的山台之南，山台与女神庙是一个整体的两个部分（一北一南）。关于山台，1986年确定它是由3个"口"字平面组成的"品"字形平台，面积约4万平方米。每个"口"字小山台都有人工砌筑的石墙。山台北部有大片红烧土堆积，采集到泥塑人像的耳朵和手臂。推测是另一处庙址。

山台南除了女神庙外，还有庙南灰坑、庙东第三建筑址及第四建筑址。

庙南灰坑有3处，在女神庙以南10米的一处灰坑上文已述。第二处灰坑在第一处灰坑以南的山坡上，含红烧土块、彩陶器残片和鹿骨等。第三处灰坑在第二处灰坑之南，离牛河梁遗址第二地点较近（大约200米）。发现有双耳罐、折肩罐、钵等残片，发现人像塑件3件，其中人像头部1件、人体2件；另有石核、刮削器等石器。第三处灰坑发现人像残件，意义重大。说明第二地点的冢、坛结构遗址与女神庙之间有着某种关联，冢、坛结构的第二地点与神像庙宇祭祀结构的女神庙之间不是隔开的，而是有着内在联系的，或者说是一体的。

女神庙东约170米的第三建筑址，俗称"陶片窝"。出土有红陶钵、黑陶罐等残片及兽骨、红烧土块，另有石镞、石核、刮削器等石器出土。均与生产、生活和祭祀相关。

山台东北部的第四建筑址，为半地穴式长方形、周边有17个柱洞的建筑址。地面经修整较平，烧土面在中部，两个烧土面相连接，长宽各1.1米。出土石器、陶器残片。此建筑沿女神庙中轴线分布，而且与山台有关。

2017年以前，人们对山台的认识大体如上所述。当时研究者们已经有了扩展研究，认为女神庙不是一个单独的建筑，它与山台有密切关系。女神庙周边有许多其他的遗址，各遗址之间存在一定的关系。

2017年之后，中国社会科学院考古研究所研究员贾笑冰团队到牛河梁遗址工作，对山台进行详细"解剖"。他们的考古工作更新了对牛河梁遗址女神庙之北"品"字形山台的以往认识。具体有以下四点：一是山台的范围较最初所确定的"品"字形山台有所扩大。二是初步确认分布有8个以石墙及垫土为主要特征的台基址，编号TJ1–TJ8。三是编号TJ3位于2号建筑址中部。2020年在TJ3接近基岩的垫土层中出土了大型彩陶缸、彩陶钵、筒形罐、灰陶钵、圆陶片等。发现了近椭圆形分布的烧灰和烧土，出土了石斧、磨棒的残件、天河石料、陶盆碎片及烧过的栎果、胡桃等。四是台基址有通向女神庙的通道。新的考古发现进一步证明了山台与神庙的一体性。

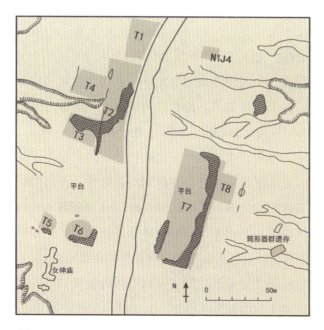

图 3–12　牛河梁女神庙后大型山台示意图　（徐兴楠 作）

对牛河梁女神庙后的大型山台有过多次正式发掘。1986年确定它是由3个"口"字平面组成的"品"字形平台，约4万平方米。2017年以来又一次对山台进行正式发掘，揭露出 9 个台基，分布面积达到 10 万平方米，进一步确定山台与女神庙是有区别又有联系的一个整体。据中国社会科学院考古研究所贾笑冰研究员介绍，最新发现的 9 号台基，甚至囊括女神庙，将第一地点原本分散无关联的建筑址联系成一个整体。牛河梁第一地点经过红山人的统一规划、设计、施工，是同时代中国史前文化中规模最大、规划最为有序的一组建筑群，是中国建筑史上中轴对称建筑传统最早的例证之一。

第六节 山台的社会意义

女神庙后的山台由多个单体构成，进一步证明牛河梁红山文化社会由多个群体组成，多个社会群体由分到合、共同修建了一体的山台，体现了当时不同群体凝聚同心的需要。牛河梁红山文化社会由多个群体组成，凝聚同心的行为是牛河梁红山文化社会所有群体的主动选择。

牛河梁红山文化遗址除已编号的 16 个地点外，后来又发现多处遗址点，构成一个规模庞大的遗址群。目前经过正式发掘的有 5 个地点，即积石冢性质的第二地点、第三地点、第五地点、第十六地点，以及女神庙与山台等组合的第一地点。

根据考古报告，牛河梁红山文化社会有多个群体。每个积石冢性质的建筑基本上由一个社会群体修筑。这样，不同的群体修筑了多个积石冢性质的建筑。在牛河梁遗址，女神庙与山台建筑只有一处，所以可以认为是由多个社会群体共同修筑，当然建设时是分开的，独立完成的，合起来形成了共同创造的山台建筑。

牛河梁红山文化遗址体现了不同群体的凝聚同心的需求。一是遗址群以女神庙和山台为中心。"形成以'女神庙'与山台为中心，诸积石冢环绕四周的形势。""表现出从四周向中心汇聚的趋势。"（《牛河梁——红山文化遗址发掘报告》）。二是向中心汇聚的其他遗址点表现了高度的趋同性、一致性。均分为下层积石冢和上层积石冢，石棺墓、积石冢、出土的玉器、陶器等大体相同，在第二地点和第十六地点出土了造形几乎一样的玉龙。不同的社会群体在不同阶段几乎做着同样的事情，这是异乎寻常的凝聚同心行为；三是据考古新发现，在同一山台各群体分别营建大体相同的建筑，也是凝聚同心的表现。女神庙后的"品"字形山台，近年来经过考古发掘，在确认 8 个台基的基础上，又发现了第 9 个台基。这 9 个以石墙及垫土为主要特征的"小山台"应为不同的群体分别营建，共同组成了一个"品"字形大山台；四是 9 个"小山台"有中心，这个中心就是位于山台中部的编号 TJ3 号的"小山台"。上文已述，在 TJ3 号接近基岩的垫土层中出土了大型陶器组合。这些是重要的祭祀礼仪用具，当为引领山台祭祀活动的那个群体所奉献。

凝聚同心是红山文化不同社会群体的主动选择。人类在近 300 万年的社会活动中，大多数时间是各行其是的。红山文化考古发现进一步证明红山社会的不同人群为了凝聚同心、主动寻求高度一致，且形成系列物质文明成果呈现给后人。红山文化早中期的遗址形成了大体相似的房屋、使用工具和生活器皿，在一个区域内形成祭祀中心；红山文化晚期（距今 5500-5000 年）形成了更高级的祭祀中心，如牛河梁红山文化遗址，而且形成了多种祭祀形式和多种展示当时物质文明的样式。

牛河梁红山文化遗址由不同的社会群体几乎在同一时间修筑，早已不见以往的各行其是，而是形成了共同遵守且重复使用的各种规则，在规则的指导下共同营建了一个内容丰富的大遗址群。

牛河梁红山文化社会凝聚同心，形成并遵守共同的规则，会给自身的生产生活带来方便，促使不同人群更好地交流、共处，而且推动社会向更高阶段快速演进，即更好地组织起来，在合作共事规则的基础上形成法律和制度等。牛河梁红山文化凝聚同心、统一行动，形成了一系列文明成果，从而跨过了文明的门槛，进入了初级文明社会。

图 3-13 以女神庙为中心的牛河梁天地人景观示意图 **(刘迪 作)**

对牛河梁遗址结构进行研究和阐释已经成为红山文化研究的一个重要视角，对提炼牛河梁遗址的社会历史意义价值重大。牛河梁遗址不仅具有以女神庙为中心的中轴线，而且呈现出天地人景观的立体思维成果，即不仅重视遗址的平面结构，而且把周围的山体和头顶上的蓝天（包括天体与山体的际线）纳入营造环境的结构之中。以女神庙为中心的牛河梁天地人景观示意图，意图在表现牛河梁遗址的平面结构和天地人景观的立体结构，具有较大的研究空间。

女神庙的地位及对后世的影响

5000年前，红山人在漫长的岁月里，渐渐形成了统一的宗教信仰和行为模式。各部落由分散到聚合，增加了部落之间的凝聚力，社会秩序也更加一体。在彼此融合的过程中，共同修建了宏大的祭坛、积石冢乃至神庙。坛、庙、冢三合一的布局，一直影响到明清时期北京的天坛、太庙和十三陵构建。可以说中华文明起源的过程，也是中华传统文化形成的过程。

一、女神庙是中国古代宗庙制度的源头

作为目前发现的中国最早的供奉祖先之地，女神庙或为中国古代宗庙制度的源头。

根据在女神庙目前所发现的神像残件分析判断，神像数量为6-7尊。也就是说，当时为人们所祭祀的祖先为六至七位。这与中国古代宗庙礼制的基本传统不谋而合。

史料记载，商、周之际，尤其是周王朝时期，是中国政治与文化变革最为剧烈的一个时期，是新制度、新文化创立和兴盛的时期。周礼被奉为后世礼仪制度的圭臬，其所形成的一套包括庙制在内的礼仪制度成为历朝历代制定礼仪制度的蓝本。

《礼记·祭法》《十三经注疏》等典籍记载了商周之际宗庙制度的一些情况。商、周之际，王室宗庙实行七庙制（商也可能实行六庙制），里面供奉的祖先为7人，或者为6人，这与女神庙里供奉的神像数量基本相当。这不能说仅仅是一种巧合。此外，从天子七庙，诸侯五，大夫三，士二中也可推断，女神庙里供奉的神像数量最多，应为当时等级最高的祭祀场所，是当时部落联盟首领举行宗教仪式的核心之地。

从以上史料可知，中国古代帝王宗庙礼制基本沿袭商周之际的

七庙制或六庙制，庙中所供奉的基本为帝王的远祖和开国之祖或近世之祖。今天我们限于史前没有文字记载的遗憾和不足，但是从女神庙这座目前发现的中国最早的神殿不难看出，在远古时代，红山人的远祖或先祖或权力最大的王者被人们集中供奉，其形制与规模或已成为周礼制的借鉴与标准。

二、女神庙开为女性立庙之先河

尊崇女性，是许多文明形态早期社会普遍存在的现象，无论在早期中国，还是世界其他地区，女性的社会、宗教地位一度相当显赫。但为女性正式立庙接受众人祭祀，迄今为止的发现证明，最早的当属女神庙。

自有文献记载以来，彰显女性地位、为女性（主要是为其母亲、妻子、女儿或其他地位尊贵者）立宗庙事例不绝于史书。

商代出身于贵族阶层的女性在政治、经济、军事领域颇为活跃。秦汉时期还存在相当数量的以女性为户主的家庭。两汉时期，为女性立庙之事也见之于文献中。王莽建立新朝后，曾为元帝皇后立庙。曹魏明帝为其生母文昭皇后立庙，为女儿平原懿公主立庙。此外，东晋、南朝历代也多为神主无法列入太庙享受配祭的女性单独立庙，且比照皇帝宗庙有关制度，确定这种类型的女性庙相关礼仪。比如宋文帝为其生母在京师立庙，宋明帝将孝武帝母亲和自己的生母神主列于章后庙，同堂而异室。在曹魏、宋时期，甚至比照皇帝宗庙有关制度，制定为女性立宗庙制度，都于建国初将为开国皇帝当时已经去世的配偶所修立的宗庙列入皇帝七庙系统中，使与皇帝其他历代祖先一并于太庙中排列昭穆次序，享受后人祭祀。这不仅是中国礼制史，也是世界文化史中相当罕见的现象。在有着2000多年封建历史且以男权为主的中国，这种对女性的尊崇，应该有着独特而久远的历史，这种尊崇，最早来自牛河梁红山文化遗址。

三、女神庙是宗庙同堂异室制和庙寝统一制度的开始

女神庙中的诸多神像共处一庙，且分南北室、东西室的建筑格

局，成为后世宗庙同堂异室制度的雏形。

儒家典籍《考工记·匠人营国》对夏商周三代明堂、宗庙等宫殿建筑形制有明确记载，当时宗庙似已实行同堂异室制度。根据殷墟卜辞，商王室宗庙是由若干单独的宗庙集中在一起，以宗庙群的形式存在的。经秦、西汉至唐，逐步形成宗庙同堂异室的制度。

此外，牛河梁遗址还确立了庙、寝统一的格局。女神庙与积石冢一起奠定中国宗教史上庙寝统一的基础。宗教必定与寝相连，庙、寝是一个统一的整体，只有具备寝的庙才是真正意义上的宗庙。考古发现，战国中期以后，魏、楚等国已实行陵侧起寝制度，经秦始皇，为汉代承袭。西汉时期，还在皇帝陵墓附近立庙（寝），之所以在陵侧设置宗庙，或许当时的人认为居住在陵墓中，立庙于墓侧，便于死者灵魂参加祭祀典礼。

四、女神庙是中国传统祭祀制度的重要文化渊源

作为史前时代大型祭祀中心，牛河梁红山文化遗址通过举行各种祭祀活动，以获得天地、祖先与神灵的庇佑，这是先民举行宗教活动的主要内容。这些活动内容和这种文化形式与当时其他地区存在的宗教形式一起，交汇、碰撞，进而形成中国传统祭祀制度。

据《礼记·祭统》记载，到商、周时期，当时的最高统治者举行的祭祀仪式主要包括两个内容：四时祭和祭祀规格高于四时祭的禘、祫大祭。四时祭主要是在各个季节举行，主要为祭祖。禘的本意是帝，在甲骨文中的帝祭原意是祭祀天神，原始意义则是对祖先来源的追溯，并和祭天联系起来。目前虽然没有发现对女神庙祭祀内容的记载，但考古发现可以证明，在当时的女神庙乃至整个牛河梁红山文化遗址，祭祀祖先与祭天等仪式是当时祭祀的主要内容。离牛河梁红山文化遗址不远的红山文化东山嘴遗址的发现也是一个实证。考古发现，东山嘴红山文化遗址出土了神情庄重的人物坐像，发现了圆形与方形的祭坛，发现了双龙首形状的玉璜，是红山先民在远离居住聚落的地方举行祭天、祭地和崇祖等公共祭祀活动的另一处

礼仪中心，遗址南部的圆形祭坛和北部的方形祭坛，是史前先民祀天圜丘和祭地方丘的珍贵实物遗存，是为后世夏商周三代之际，南郊圜丘祭天，北郊方丘祭地之礼的重要文化渊源。

国之大事，在祀与戎。在古代中国，祭祀从来就是大事，祖先崇拜是世界上各种宗教的根源，但像古代中国那样发展出极为发达的庙制和宗庙祭仪的地区却不多，这是因为古代中国的祭祀文化传统的久远遗存。在中华文明发展史上，那些史前时代的各种宗教文化因相互融合、碰撞，进而传承下来。在传承的过程中，历朝统治者将这种宗教文化与自己的统治相结合，有意识地将祭祀这种传统和信仰一步步转变成了国家意志并成为统治秩序的一部分。可以说，不同时代、不同朝代的宗庙制度和相应的祭仪，是由历代统治者在原有宗教性的祭祀传统基础上，经过逐代设计、改造而建立发展起来的。在这些祭祀传统中，牛河梁红山文化遗址女神庙发挥了起始示范的重要作用，在中华文明起源史上，在中华宗教文化起源过程中占有重要位置。

本文引自孙柏楠《牛河梁红山文化遗址女神庙研究》一文，选自王丽颖主编《牛河梁红山文化遗址研究》。

延伸阅读材料二：

牛河梁红山文化大型建筑群的环境特点

牛河梁红山文化大型建筑群作为 5000 年前中华文明的实证，证实了当时"古文化、古城、古国"的存在。它在建筑群选址规划、材料选择运用、冢庙坛单体礼仪建筑特征等方面，都为之后中国的奴隶社会和封建社会的建都和建城提供了参考范本。

1985年苏秉琦先生根据辽西地区的考古新发现，提出"古文化、古城、古国"的理论："古文化就是原始文化，古城指最初分化意义上的城和镇，而不必专指特定含义的城市。古国指高于部落之上的、稳定的、独立的政治实体。""红山文化在古文化聚落层次性分化的基础上已经达到产生最高层次中心聚落的水平，并以宗教形式将这种以人独尊为主的等级分化固定下来。"在凌源、喀左、建平三（市）县交界处的牛河梁，约5000多年前的红山人建设了大型积石冢群、女神庙和祭坛遗址。后人继承前人文化，在明代沈阳城修建了天地坛、太庙和陵墓，明清在北京城修建了天坛、太庙和十三陵，这些礼仪建筑的布局和性质都与牛河梁红山文化的礼仪建筑群非常相似。

　　以牛河梁遗址为代表的红山文化大型建筑群主要体现了当时以精神统一为凝聚力的社会组织状态，也证明了当时红山文化时期的西辽河流域是以古国的状态存在的。此区域作为单纯的祭祀礼仪场所（宗庙）独立存在，是周边部落族群专用于祭天、祭祖、祭神的神圣的环境场所，是红山文化最高层次的祭祀礼仪的中心。同时也证明了当时人们的信仰逐步转变的历史过程。那么，其方圆50多平方公里的大型礼仪建筑体系在形成过程与构造特点等方面都给后世留下了什么重要的启示和影响呢？

　　牛河梁红山文化建筑遗址的诸多地点之间不是孤立存在的，它的选址与环境，类型和组合，包括各个单体建筑的分布规律等都互有联系。当时历代红山人已经开始关注这些问题，并且进行了有组织的精心规划，不惜动用了当时大量的人力物力进行经营建造，使其在社会组织上起到了极其重要的作用。

　　遗址的分布现象表明：红山人已经初步具有类似于我们当代的"区域建筑规划"的组织能力，对于大范围的区域划分和单体建筑构造均已表现出了阶段性的"构想与实施"过程，尤其对崇高的礼仪建筑群更是倾注了极大的心血，把当时世代积累且能够最充分掌握的建筑工艺、技术、材料都运用到了这些建筑体上。可以说，红山文化的大型建筑群是中国乃至世界的礼仪性质建筑的最早期尝试，也成了最高成就的标志。

在这样的地理环境内，建造的牛河梁红山文化建筑群遗址，既有中心集中和周围环绕的布置，又具有可以相互沟通交流的距离和高度，这也是由遗址性质和功能（即强烈的祭祀性质）所决定的。冢祭、庙祭、坛祭、台祭等祭祀礼仪的建筑形式，是当时人们在强烈的意识支配下去设计的。经历多年的经营，大型祭祀礼仪建筑集群形成，这也应该是由当时相对集中的社会制度和精神信仰所决定的。由此可以看出，当时的红山人对祭祀礼仪的重视程度是非常之高，而且已经具备了很清晰明确的选址概念，并且还进行了很长时期不间断地建造经营。

人造的礼仪建筑群配合两侧天然屏障的山峰；女神庙与猪首山遥相呼应；把自然环境引入礼仪建筑群相互衬托；对于崇高感的渲染更是相得益彰。悠悠的蓝天、浓郁的山峦，为当时红山人建造的大型礼仪建筑群刻画出了一条层次变化丰富的天际线。可见，当时的红山人已经具备了建筑审美观和环境审美观，已经开始用心去审视特定环境与特定功能的建筑群之间的相互衬托和影响关系了，从而为需要具备强烈祭祀性质的建筑体设计并营造出了应有的形态。

本文引自黄春雨《牛河梁红山文化建筑特点研究》一文，选自王丽颖主编《牛河梁红山文化遗址研究》。

本章探讨上层积石冢。与下层积石冢对比，上层积石冢发生了很大的变化。为了将两者区别开来，考古学家们进行了认真讨论，且费了很大工夫。对于红山文化来说，这是很有意义的一件事情。

相对下层积石冢来说，上层积石冢的形制更为成熟，这是社会进步的反映。上层积石冢比下层积石冢晚营建了数百年，期间发生了许多重大事件。其中有毁弃人偶事件和社会集中力量营建女神庙及山台的事件等等。

营建上层积石冢表现出的社会能力等等，不仅超越了下层积石冢的阶段，而且超越了女神庙及山台的阶段。

下层积石冢中的墓葬仅有少量墓葬随葬玉器，而到了上层积石冢阶段大多数墓葬随葬了玉器。红山文化的玉器主要是在上层积石冢阶段的墓葬里发现的。

红山文化上层积石冢阶段出现了一个新现象，即出现了成年男女合葬墓。成年男女合葬墓的出现，表明人类婚姻制度演化到了一个新阶段——相对固定的配偶关系产生了。这是人类婚姻制度的一大进步。

阅读本章，能让您对上述诸多问题产生兴趣，且可能找到相应回答。

第四章　发现牛河梁（上层积石冢篇）

第四章　发现牛河梁(上层积石冢篇)

通过对牛河梁遗址的考古发掘，考古工作者们发现积石冢分下层和上层，而且在下层和上层积石冢之间，曾经有过毁弃人偶、营建神庙等重大事件。人们在生产、生活、生育观念和行为不断进步的情况下，精神活动（如祭祀）也有了较大的进步。

在介绍和分析上层积石冢之前，我们对祭祀活动稍作了解。古印度《薄伽梵歌》中有一句话说到祭祀：祭祀如果为了完成责任，不企求报酬，而且按照圣典规则进行，就属于善良本性。红山文化先民建立积石冢等祭祀建筑，符合这些"标准"：为了"完成责任"，用现在的话就是为了完成使命，当然是红山文化当时的使命；"不企求报酬"，不会去讨价还价，完全是当时人们的自愿行为；人们的祭祀等活动会"按照圣典规则进行"，也就是按当时的规则进行；人们祭祀等出于"善良本性"，对祖先、对环境、对他人、对社会和善、友好，而不怀恶意。

第一节　深入讨论

　　苏秉琦先生怀着激动而快慰的心情考察东山嘴遗址，对东山嘴遗址的新发现发表了重要讲话。回到北京后，苏秉琦先生与郭大顺先生等继续深入地对包括东山嘴遗址在内的红山文化进行讨论，为后来的红山文化研究打下了深厚的基础。

　　苏秉琦先生几乎每一天都在关注东山嘴遗址和牛河梁遗址发掘进展情况。信息渠道是畅通、便捷的。郭大顺先生与苏先生一直保持通信。1983年9月24日、10月16日、11月9日、11月26日，郭大顺先生连续给苏先生写了四封信。同年12月16日，苏秉琦先生回信："从承德回京后接你24/9、16/10、9/11、26/11共四封信及附件：'东山嘴简介'稿，牛河梁'神庙'出神像照片、地图等。"这段话告诉我们，苏秉琦先生掌握东山嘴遗址和牛河梁遗址发掘进展情况及相关的第一手材料，第一时间看到了牛河梁神庙、神像及积石冢、祭坛的照片。对这些新发现，苏秉琦先生怎么看呢？

　　苏秉琦先生说："结合现在发现诸线索，我们应对这三县交界范围内出的几件事：'祭坛'（东山嘴）、商周青铜器窖藏坑（六处）、牛河梁积石冢、'神庙'要联系一起。同时，每一现象都不应以它自身当作它的范围，应把它们之间——现在看来还没发现什么线索的'白地'都是重要范围。而且，在此范围之外附近有无较重要遗址、墓地？要把问题提到上下几千年，这个地区的社会、民族文化史角度，不能就事论事，挖出什么讨论什么，必须先有个大问题放在心里。"这段话表达了四层指导意见。一是联系地看问题。应把喀左、建平、凌源这三县的东山嘴祭坛、商周六处青铜器窖藏坑、牛河梁积石冢和神庙联系在一起来研究。二是要放宽眼界。从长远和发展来看，目前没有发现遗址和器物的"空白"处也不要放过，可能在附近有较重要的遗址、墓地。三是心里要有大局。要装着大问题。不能就事论事，挖出什么讨论什么，要把问题提到上下几千年本地区社会、民族文化史的高度。四是东山嘴和牛河梁遗址不是孤立的。其重要发现关系到中华民族的文化史。这四方面的指导意见，对红山文化研究是高屋建瓴。

有一段时间郭大顺先生连续给苏秉琦先生写信汇报牛河梁积石冢的新发现等情况，周围地区也有发掘积石冢的进展，一并报告给苏秉琦先生。苏秉琦先生在一封信中说："挖积石墓是个好办法。"在另一封信中又说："牛河梁的发现新情况，很重要。""发现新情况"包括下层积石冢和上层积石冢的准确区分等新情况，对此苏秉琦先生提升到"很重要"的高度来对待。

牛河梁遗址发掘工作与研究工作一同推进，离不开上述广泛而深入的讨论。

第二节　毁弃人偶现象

牛河梁遗址积石冢及墓葬的发掘在苏秉琦先生指导下持续进行。下层积石冢和上层积石冢的准确区分，给人们带来了许多新的认知。

上文已述，牛河梁红山文化积石冢分下层和上层，也就是早期和晚期。以往有的研究把二者放在一起来说，不便于读者了解二者的区别，真正掌握不同阶段积石冢的特点。

下层和上层积石冢的区别非常重要，因为下层积石冢和上层积石冢代表了牛河梁红山文化的两个变化极大的、极不相同的时代。

两个时代之间发生了许多大的事情，比如营建了女神庙。另外还发生了一件大的事情，以往的研究者尚未注意到，即在下层积石冢阶段和上层积石冢阶段之间，在女神庙建立之前，在红山文化曾经发生了毁弃人偶的现象。

红山文化营建下层积石冢之后，人们更加重视对人本身的表现。雕像是表现形式之一，泥塑人像、石雕人像、陶偶出现了。有的供

第四章　发现牛河梁（上层积石冢篇）

于庙堂，有的置于房屋，有的放于积石冢。当然使用人像的变化反映了当时人们的社会观念变化，折射了当时社会的重大变革。

不知从哪一天、从哪一个社会群体开始，使用人偶已不是社会时尚，出现了毁弃人偶的现象。原来受宠的人偶被遗弃了。这个问题如何提起？有考古实物为证。

牛河梁第二地点东北 200 米处有一个长 3.95 米，宽 3.5 米，深 0.65 米的灰坑，在其中发现小型人像头部残件 1 件，小型人体塑像残件 2 件。都是残件，是毁弃人偶（像）的表现。

小型人像头部残件。泥质褐陶。制作较粗，额上与顶沿前部以一道阴线表示头箍形饰，头顶刺 10 余个小圆坑，颈后三道横压阴线。圆睛，眼窝甚大而深；鼻部直，显双鼻孔；吻部明显向前伸出，嘴圆鼓似呼喊状。残高 3.1 厘米、面宽 2.1厘米。

图 4-1 灰坑中小型人像头部残件绘图（**刘迪** 作）

图 4-2 灰坑中小型人体塑像残件绘图（**刘迪** 作）

小型人体塑像残件。2 件均为泥质褐陶。均为人体上部残件。一件颈直立，一上臂作平伸状，残高 3.7 厘米、残宽 3.8 厘米、厚 1.4 厘米。另一件体稍大而圆厚，表面磨光，胸部稍有弯曲，残高 3.8 厘米、残宽 3.7 厘米、厚 1.9 厘米。

人像弃之于灰坑，毁弃的原因和时间暂且不问，但发生了这一事实是无疑的。联想到下层积石冢时期，在积石冢上放置人偶的情况很普遍，应是社会时尚。如今发生变化了，当年使用的人偶，现在发现都是残缺的。如东山嘴遗址和牛河梁遗址第五地点发现的人偶（像）都是残缺的，要么少头，要么少腿，要么头、腿都缺。为什么没有完整的人偶？为什么都是残缺的？为什么这种情况重复出现？回答是发生了一个毁弃人偶的普遍活动。

图4-3 牛河梁遗址第五地点陶质塑像绘像（**刘迪** 作）

女性陶质塑像，出土于牛河梁遗址第五地点上层积石冢二号冢1号墓东北侧。立像，头部和右腿缺失，双乳凸起，双臂收拢贴于腹前，腹部微隆，背部略显内凹，背两侧有弧形线条。具有女性特征。人像通体压磨光滑，主体部位未见服饰，左足着短靴。残高9.6厘米。

红山文化营建下层积石冢之后，人们使用人偶，又毁弃人偶，红山文化社会发生了重大变化。这个大变化的意义怎么想象都不为过。毁弃人偶之后呢？走向建立神庙集中供神。这时社会又发生了一个重大变化。这个大变化的意义也是怎么想象都不为过。现在要追问，这个大变化的性质是什么？由毁弃人偶到集中供神场所（神庙）的出现及集中供神，社会发生了走向集中的新变化。走向集中，走向联合，走向新阶段，迎接更高的社会组织形式到来，这预示着文明时代已经到来。

集中供神场所（神庙）毁于火之后，人们并没有再建神庙，而是建设了上层积石冢。上层积石冢的建立与下层积石冢之间可能隔了几个社会变化的阶段。

第三节　上层积石冢

从考古材料看，红山文化先民在营建女神庙集中供神之后，又做出了一个新的重大改变：营建上层积石冢。怎么建？移出原有墓地上的部分墓葬，在其上垫上花土，营建圆形或方形的上层积石冢。

红山文化在营建上层积石冢时，在其下垫上花土不是偶然的现象。牛河梁遗址第二地点、第十六地点和朝阳龙城区半拉山遗址都有过这种情况。不同遗址点的人们在营建上层积石冢时却有着相同的行为和认知，可见趋同性增强了。

红山文化到营建上层积石冢阶段，积石冢的特点非常清晰，已经不仅仅是下层积石冢时期的"覆石墓"了。

红山文化先民更加虔诚、精心地营造墓葬，墓上依然用石块堆积成积石冢的形式。红山文化冢和墓是什么关系？红山文化有一墓一冢的情况，如牛河梁遗址第二地点二号冢，中心大墓与冢是合一的；也有几个墓由一个冢覆盖的情况，如牛河梁遗址第二地点一号冢，下面覆盖着25座墓葬。这样，冢就可以理解为用石头砌成的大坟场，里边覆盖很多墓。

总之，墓和冢，应该先建墓，埋葬死者，后建积石冢。积石冢是覆盖墓的。

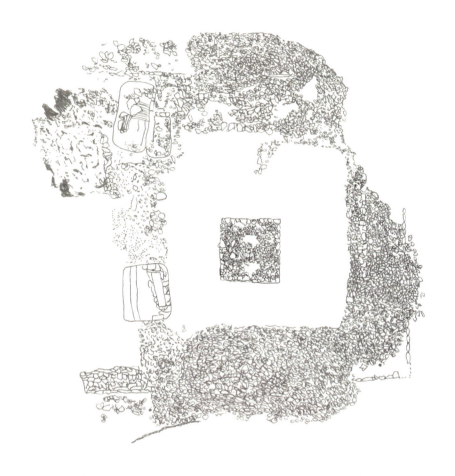

图4-4 牛河梁遗址第二地点二号冢中心大墓绘图（**丁佳倩** 作）

　　牛河梁遗址第二地点由位于冢中心的一座大墓和南侧的 3 座墓葬组成。中心
大墓是一座设有冢台的大型砌石墓（N2Z2M1），由地下、地上两部分组成。地
下部分辟长方形土圹，内砌筑墓室，墓为东西向，顶盖封石，顶盖与原地表近
平。地上部分为一方正的冢台，冢台以石砌筑，距地表高约 0.7 米，台的四面高
度相近，冢台外壁齐整，显内收，使整个方形冢台略呈覆斗状。台上封土，将
中心大墓封罩于内。

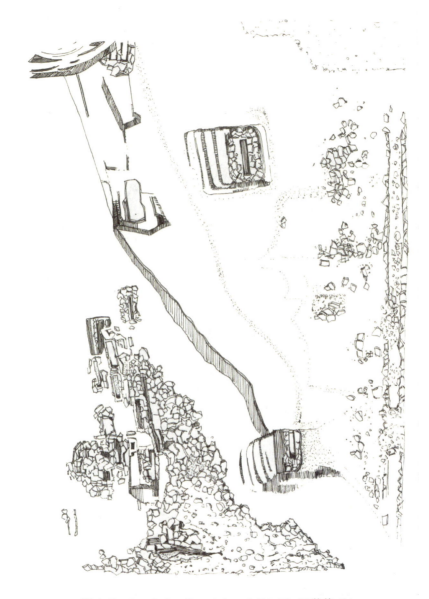

图 4-5 牛河梁遗址第二地点一号冢绘图 （**丁佳倩** 作）

　　牛河梁第二地点一号积石冢位于该地点最西端，占地约 750 平方米。共发现红山文化墓葬 25 座。两座大型台阶式墓葬（25 号、26 号墓）东西并列，位于冢中轴线两侧，其他墓葬置于冢的南部，相对密集，呈东西向排列。该冢保存较为完整、形制清楚，是红山文化积石冢一冢多墓的典型代表。

红山文化积石冢有边界，以便与另一个冢区别开来。冢界的表现形式是石墙，从外边看砌筑得很整齐，有的冢在冢台与冢界中间放置陶筒形器，围合成一个空间。

上层积石冢的营建比下层积石冢更加讲究。上层积石冢有什么特点？以牛河梁遗址第二地点四号冢为例。我们知道在下层积石冢之下一般垫纯净一些的黄土。而在上层积石冢之下则垫花土，花土中灰烬占较大比例，间杂烧土块、动物碎骨和陶器残片，而且随地势垫平，高处少垫，低处多垫，最后人工整理出一个平面，将下层积石冢覆盖住。

牛河梁遗址第二地点四号冢的结构非常复杂。这是认识和研究红山文化的一个重要知识点。不越过这个知识障碍，对红山文化顶多是"半知"。了解这一部分，要认真阅读图4-6、图4-7和图4-8。

上文已述，牛河梁遗址第二地点四号冢，在人工整理出的垫土平面上营建上层积石冢。先营建的是B型冢。B型冢由两个冢组成，标为B1和B2。B1在西、B2在东。B1和B2之间做相交相切式衔接（北部均为圆形），给人以两个冢是一体的感觉。

B1冢体为圆形。中阶（当中层层高起所砌的台阶）墙，应该是三道，现在所见的仅有中、内两道。中阶墙可见弧长6.9米，内阶墙可见弧长9.4米。外、中、内三道冢界墙的直径分别是19.2米、17.4米、15.6米，均由外向内层层高起。外冢界墙高0.4米，中冢界墙比外冢界墙高0.3米，内冢界墙比中冢界墙高0.5米。这是三层台阶式。

位于B1冢体之东的B2冢体为北圆南方形（这是与B1冢体不同的地方），即北侧圆形冢体，与B1圆形冢体对应，而延伸到南部，冢体则改变为方形。B2冢体也有外、中、内三道冢界墙。保存下来的外冢界墙的直径为15.3米，中阶墙直径约13.4米，内阶墙直径约12米。外冢界墙、中阶墙、内阶墙也是由外向内层层高起形态。在外冢界墙、中阶墙之间的空隙中摆放一周陶筒形器。

上文已述，与 B1 圆形冢体单独存在不同，B2 圆形冢体东侧圆弧打开、向南直线延伸出一个较大的梯形体。有一古道打破这一延伸，且在古道附近形成向西回收的内墙和外墙，将此范围的下层积石冢和墓葬圈回收在内。

值得提及的是在 B2 圆形冢体周围发现了 49 件短体陶筒形器，原位摆放。另发现 14 件包括短钵式陶筒形器在内的陶器。所有的陶筒形器皆泥质红陶，手制，有的绘黑彩，规格较高。

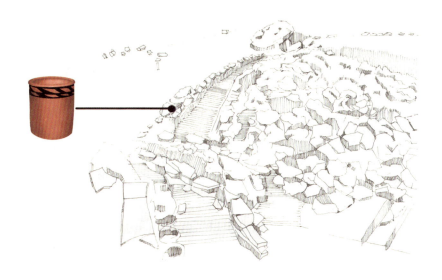

图 4-6 红山人在上层积石冢边缘摆放陶筒形器示意图 （**丁佳倩 刘迪** 作）

牛河梁红山文化遗址在上层积石冢边缘摆放陶筒形器，是一个独特的现象。持续时间较长，下层的筒形器墓和上层的圆形积石冢、方形积石冢都有在边缘摆放陶筒形器的情况。这一情况非常值得注意。在牛河梁遗址区内，墓葬、墓葬里的墓主和随葬物品等都被积石、积土遮盖在地下，从外表看不见；从外表看见的除了积石、积土外，只有摆放在边缘的陶筒形器。有些陶筒形器被刻意制作得有观赏性，朝外的一面光滑且绘彩，人们从外边看不见的那一面则比较粗糙。陶筒形器蕴藏着丰富的中华文明的信息。

从上述情况看出，红山文化上层积石冢既有自己的独特性，又照应了同一区域的下层积石冢及墓葬，且把放置陶筒形器作为重要内容，表达文明信息。

更重要的是红山先民在 B 型积石冢之上又营建了 A 型积石冢。A 型积石冢为方形冢体，冢体上也有积石。近于中心部位积石厚 1.3 米多，有外、中、内三道北墙，外、中两道北墙平行相距 0.5 米−0.6 米。在北墙处放置陶筒形器，其中发现 11 件原位保存的陶筒形器的底部。有保存了一小段的东墙和南墙。可见，A 型积石冢和 B 型积石冢一样，也有外、中、内三道石墙。3 这个数字在红山文化中有较多表现，第五章讲到的红山文化祭坛也是三重圆形。中国传统文化中 3 这个数字的运用非常神奇，红山文化可能是其肇始。

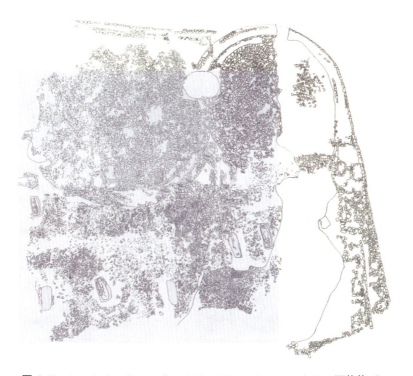

图 4-7 牛河梁遗址第二地点四号冢下层积石冢区域示意图（**丁佳倩** 作）

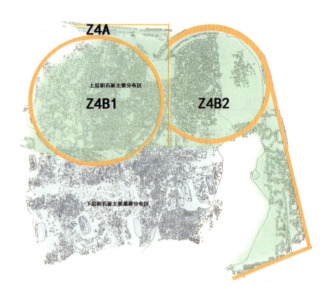

图4-8 牛河梁遗址第二地点四号冢上层积石冢与
下层积石冢关系示意图（**丁佳倩** 作）

　　A型积石冢除了发现诸多陶筒形器之外，还发现了4件塔形器
残件。陶筒形器和塔形器都与祭祀有关，其重要性不言而喻。

　　在A型积石冢上发现了若干墓葬。其中2号墓葬（N2Z4M2）方
向呈305度（唯一斜形墓），内葬一40-45岁女性。出土斜口筒形玉
器1件、玉环2件、绿松石坠2件。其他不论，牛河梁遗址第十六

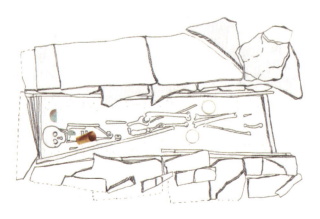

图4-9 A型积石冢墓葬（N2Z4M2）绘图（**丁佳倩** 作）

地点第 14 号墓、田家沟遗址、半拉山遗址墓葬中也出土了绿松石坠。这种半圆形的绿松石坠值得关注和深入研究。

拨开上层积石冢的表土，冢体之上还发现了 3 座墓葬。3 座墓葬均破坏了冢体的原有结构。其中有一个墓向 143 度的墓葬，葬成年女性。在此女性尸骨左侧颈部近处，发现铜耳饰 1 件、玉坠珠 1 件。

铜耳饰，由铜丝弯成长圆形，范制、锻打而成，两端露出断茬，一端尖细，一端扁宽。这件铜耳饰是 5000 年前中国最早的铜饰物，也是中国最早的铜器之一。

图 4-10　红山文化铜耳饰绘图（刘迪 作）

牛河梁第五地点的上层积石冢比下层积石冢的规模要大。一号冢位于第五地点的最高点。冢体为圆形，外面还有圆形环壕，直径大约 42 米。冢体用土石营建，砌石规格较大，南部砌石下压着两处呈鲜红颜色的红烧土遗迹。石砌冢体中间为厚达 1 米的黑、黄两色封土。冢界石墙也是 3 圈。外圈石墙直径为 20 米-22 米。在外圈石墙的外侧垫有黄土，黄土上摆放陶筒形器；中圈石墙直径为 18 米-20 米。内圈石墙直径为 16.5 米-18.5 米。该冢的地上部分为土和石构筑的封丘，用石砌出非常整齐的边框，直径约 7.8 米。石砌边框内封土。

第四节　上层积石冢主要墓葬和玉器

在红山文化上层积石冢阶段，积石冢的形制已经成熟。上层积石冢的相关墓葬可分出若干等级，而且随葬的玉器数量多、做工精。

下面介绍几座代表性的上层积石冢墓葬。

　　牛河梁遗址第五地点上层积石冢标为1号的墓葬（N5Z1M1）格外引人注意。墓中随葬2件玉鳖，均为黄绿色，位于男性墓主左右手部位。右手部位的玉鳖，头部形状近于三角形，体形圆，稍显小、瘦，打洼起高表现出圆鼓的目，用阴线表现出睛。腹面中部有一圆形凹窝，为雄性特征。左手部位的玉鳖，也是黄绿色，比右手部位的玉鳖大而肥，为雌性特征。

　　牛河梁第五地点上层积石冢1号墓。墓葬地下部分的墓圹凿于风化基岩中，圆角长方形，南北宽3.05米，东西长3.8米，圹壁深2.25米，两级台阶。用石板营建墓室，大块石板错搭做盖，但无墓底。内葬50岁左右男性，仰身直肢，头东南、足西北。出土随葬玉器7件，即玉璧2件、玉箍1件、勾云形玉器1件、玉镯1件和玉鳖2件。

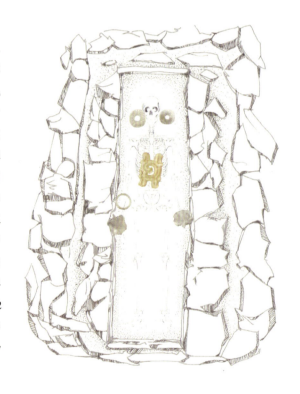

图4-11　牛河梁遗址第五地点上层积石冢
1号墓（N5Z1M1）绘图（**丁佳倩** 作）

　　2008年，红山文化玉鳖分公母这一事实得到明确辨识。当年由中国社会科学院考古研究所刘国祥、香港中文大学中国考古艺术研究中心主任邓聪牵头，中华文明探源工程红山文化玉器工作组于10月下旬到陈列牛河梁红山文化玉器的辽宁省博物馆进行实地实物研究。10月30日，专家们在"上手"观察牛河梁第五地点出土的两件玉鳖（龟）时发现，两件玉鳖（龟）大小、头部、尾部有明显差别，一玉鳖（龟）的腹部有一个明显的凹陷，有手指肚大小。这一奇特现象引起专家兴趣。众人便议论起几年前有人提出的"红山文化玉器分公母"的旧话题。后经雷广臻教授电话请教生物学专家，得到"腹部有凹陷的当为公龟"这一肯定回答。至此，牛河梁红山文化玉鳖（龟）分公母有了确切辨识和明确物证。同年11月5日，新华社记者魏运亨以《学者披露：5500年前红山文化玉龟竟分公母（图)》为题，向世人公布了这一发现。2012年《牛河梁红山文化遗址发掘报告（1983-2003年度)》出版，写明玉鳖分雄、雌。

2008年11月9日，新华社记者魏运亨又以《学者披露：红山文化公母玉龟摞起来使用》为题向世人公布了一个新消息。继考证出5500年前牛河梁红山文化玉龟竟然分公母之后，学者雷广臻再次披露：牛河梁红山文化公母玉龟是摞起来使用的，这表明在红山文化中"龟灵"文化占有重要位置。据介绍，由科技部立项的"中华文明探源工程"第二阶段"红山玉器工艺"课题组日前到辽宁省博物馆考察。课题组负责人、香港中文大学教授邓聪等古玉专家，在发现牛河梁红山文化出土的玉龟竟分公母的物证之后，经反复试验又发现公母玉龟是摞起来使用的。

邓聪等专家们研究玉龟的使用方法，进行了摞加试验，当把母玉龟置于公玉龟之上时，母玉龟就会滑落下来；当把公玉龟置于母玉龟之上时，公玉龟腹部的凹陷稳稳地卡在母玉龟背上，就不会滑落。反复试验都是如此。邓聪等人认真观察玉龟的腹部和背部，发现了公母玉龟摞起来使用的微痕，经放大数倍拍照，微痕清晰地显现出来。

"龟灵"文化在中国传统文化中占有重要位置，龟鳖寿命长达百年以上，是长寿多智的象征。新石器时代早期的裴里岗文化贾湖遗址出土了载有契刻符号的甲骨、

图4-12　摞起来使用的红山文化雌雄玉鳖（**刘迪** 作）

装有小石子的龟甲，显然与祭祀、占卜有关。商代人在龟甲上钻、凿、灼，进行占卜，即龟卜；在龟甲兽骨上刻画成熟的文字，即甲骨文。《礼记·礼运》曰："麟凤龟龙，谓之四灵。"麟凤龟龙也用来比喻品格高尚、受人敬仰的人或稀有珍贵的东西。红山文化时期的雌雄玉鳖展示了古人对雌雄，乃至阴阳的认识，这是中国传统文化中的重要内容。

　　牛河梁遗址第五地点二号冢，位于遗址的西端高点上，与位于东端高点上的一号冢对应。二号冢也是积石而成，现保留了两段冢体石墙。两段冢体石墙的垂直距离3.3米。冢体上有4座墓葬。其中9号墓出土了玉蝈蝈。在牛河梁遗址第五地点二号冢地层出土1件女性雕像。立像，无头，少右腿，通体压磨光滑。双乳突出，腹部微鼓，双臂于腹前收拢，左足部塑出半高靴，左足与靴都极为写实（见图4-3）。

　　牛河梁遗址第十六地点上层积石冢，分布在山梁中心地带。冢体由积石砌成，积石多为石灰岩。积石逢低填平，上面形成一个平面，所以积石厚薄不等。积石上封土，用的是棕红色沙质黏土和棕黄色的黄土。封土也是逢低填平，形成一个平面，故地面低处较厚，高处较薄。有一次封土的情况，也有多次分层封土的情况，最多达五层。观察发现，封土活动以位于冢体中心部位的4号墓葬（M4，见图4-13）为中心进行。4号墓（M4）为石圹砌石墓。墓圹呈圆角长方形。墓室口呈长方形。内葬一名成年男性，随葬8件玉器。

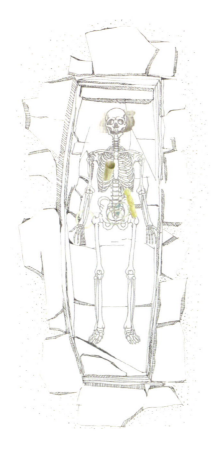

牛河梁遗址第十六
地点 4 号墓（M4）内葬
成年男性，40-45岁。
在墓主头、胸、腰、
腹、臂和手部，随葬品
有玉凤 1 件、玉人 1 件、
斜口筒形玉器 1 件、玉
环 2 件、玉镯 1 件、绿
松石坠 2 件（分置于玉
环内）。

图 4-13 牛河梁遗址第十六地点上层积石冢
4 号墓示意图（**丁佳倩** 作）

在牛河梁第十六地点上层积石冢中有 8 个墓。北区 4 个，上文
所述第十六地点 4 号墓就位于北区；南区墓葬 4 个，其中第 14 号墓
（M14）出土了龙形玉器。14 号墓（M14）为带二层台的长方形土
坑，在二层台中部挖出墓圹。墓穴立置不规则石块在外，在内立置
规则石板。用规则石板铺成墓底。内葬一 30-35 岁的女性（二次
葬）。随葬品有细石器石刃 1 件、玉璧 1 件、玉龙 1 件、玉镯 1 件、
斜口筒形玉器 1 件、玉环 3 件。

玉雕龙，出土于牛河梁遗址第十六地点14号墓，淡黄绿色，体扁圆厚重，卷曲呈椭圆形，首尾间切开，相距较近。头部较大，前额微凸，两个圆弧形立耳稍向外撇，一耳尖部磨平。双耳间起棱脊，面部以阴线雕出圆目、口及吻部皱折，吻部前凸。长圆形鼻孔，鼻孔上下各三道皱折。嘴紧闭。所施线条甚浅，体光素无纹，颈部对穿一圆孔。高10.2厘米、宽7.8厘米。

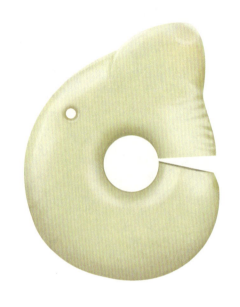

图4-14　牛河梁遗址第十六地点14号墓出土玉雕龙绘图（**刘迪** 作）

牛河梁遗址上层积石冢的外形多为圆形或方形，规整且富于变化。出现明确的中心大墓。中心大墓与其他墓葬由墓葬规模、结构和随葬玉器数量、种类而形成若干等级。墓葬朝向由下层积石冢的南北向，改为上层积石冢的东西向。上层积石冢墓葬随葬品数量增多，重要墓葬均以玉器随葬，玉器造型复杂，工艺精湛。基本不见在下层积石冢中发现的陶器。

牛河梁红山文化遗址上层积石冢墓葬基本形成了"唯玉为葬"的埋葬习俗。在牛河梁红山文化遗址只随葬玉器的43座墓中，除了3座墓属于下层积石冢外，其余40座都属于上层积石冢，在上层积石冢有随葬品的墓葬中，只随葬玉器的墓所占比例高达97.6%。在高等级的大墓中，玉器几乎是唯一的随葬品。这说明随葬玉器的数量多寡、个体大小、精美程度，直接反映了人与人之间等级地位的差别。

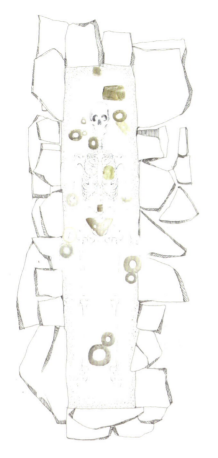

牛河梁遗址第二地点一号冢 21 号墓是目前牛河梁遗址中出土玉器最多的一座砌石墓。内葬一成年男性，年龄 30 岁左右。仰身直肢，头西足东。随葬兽面牌饰 1 件，斜口筒形器 1 件，龟壳 1 件，勾云形器 1 件，圆筒状饰 1 件，璧 10 件，双联璧 2 件，珠 1 件，镯 1 件，璧形饰 1 件，共计 20 件玉器，遍及墓主周身。

图 4-15　牛河梁遗址第二地点一号冢 21 号墓
绘图（丁佳倩 作）

　　特别是红山文化玉龙影响深远，意义重大。牛河梁遗址出土了多件玉龙，展现了玉龙的多样性。中华传统文化概念中的龙，贯穿了集众长、惠万物、求同存异、和谐共生的精神，形成了中华传统文化的特定内涵。中华龙文化的这些特定内涵充实了一代代中国人的精神，丰富了中国人的社会实践。社会大众汲取龙文化的精神力量，付诸中华民族伟大复兴的实践，同时也在以创新的龙形象和内涵促进文化旅游、文化创意等产业的繁荣，源源不断地创造着更多的社会物质财富和精神财富，持续为我们国家和民族的强盛增添力量。

红山文化典型玉器欣赏

图4-16 牛河梁遗址第二地点出土玉雕龙绘图及线图 （**刘迪** 作）

　　玉雕龙，出土于牛河梁遗址第二地点一号冢4号墓。淡黄绿色玉，背及底部有红褐色斑块。通体精磨，兽首形，短立耳，两耳之间从额中到头顶起短棱脊。目圆而稍鼓，吻部前凸，有鼻孔，口略张开。前额与吻部刻多道阴线，吻部阴线为鼻下2道、鼻上3道。龙体卷曲，头尾切开。体扁圆而厚，环孔由两侧对钻而成，孔缘圆而光滑。背上部钻一单孔。玉龙通体高10.3厘米、宽7.8厘米、厚3.3厘米。

图4-17 牛河梁遗址第二地点出土玉雕龙绘图及线图 （**刘迪** 作）

　　玉雕龙，出土于牛河梁遗址第二地点一号冢4号墓。白色蛇纹岩质。头尾未完全切断，在环孔处尚有连接。头部以粗简的阴刻线表现眼睛和鼻部。通高7.9厘米、宽5.6厘米、厚2.5厘米。

图 4-18 牛河梁遗址第十六地点中心大墓出土玉凤绘图及线图（**刘迪** 作）

玉凤，出土于牛河梁遗址第十六地点 4 号墓。淡绿色玉。整体呈长方形板状，正面琢成凤的卧姿，曲颈回首，圆睛高冠，疣鼻，喙扁且长，前端钩曲，与羽翅相接。羽翅作三分上扬，翅长而狭，翅端尖，尾羽亦作三分而下垂，羽端略呈圆状。腿部蜷曲，作水面浮游状。

图 4-19 牛河梁遗址第五地点中心大墓出土玉鳖绘图及线图（**刘迪** 作）

雌雄玉鳖，出土于牛河梁遗址第五地点一号冢 1 号墓。分别在墓主人的左、右手部位。皆呈黄绿色。头部形状近于三角形，微缩颈，屈肢，四肢以较细的阴线雕出，背稍凸起，平腹，有尾。

出土于右手部位的玉鳖体显瘦，头部较窄小而长，圆目凸鼓，尾略长，腹面中部磨出一较大的圆形凹窝，为雄性特征。长 9 厘米、宽 7.8 厘米、厚 1.9 厘米。出土于左手的玉鳖较肥大，头部较宽厚，目圆鼓，尾短，尾中部磨出一凹坑，两侧也磨出下斜面。为雌性特征。长 9.4 厘米、宽 8.5 厘米、厚 2 厘米。

人形玉器，出土于牛河梁遗址第十六地点4号墓。出土位置在墓主人的左侧盆骨外侧，顺置，背面朝上。淡绿色玉。玉人为整身形象，头部较大，圆脸宽额，眉眼斜吊，双眼微闭，额间有一梭形竖向阴刻凹陷。鼻宽且短，嘴微张。双耳耳廓较长。玉人粗颈，斜肩，细腰，阔臀，肚脐部位外凸，双前臂屈肘贴于胸前，十指张开，手心向内。双腿并立，圆尖状双足。通高18.5厘米。

图4-20 牛河梁遗址第十六地点4号墓出土玉人绘图及线图（**刘迪** 作）

图4-21 鸟兽纹玉器绘图及线图（**刘迪** 作）

鸟兽纹玉器，出土于牛河梁遗址第二地点一号冢23号墓。青白色玉，泛绿。长方形板状，有正、背面之分。正面雕出一兽一鸟，都以头部雕刻为主，身体简化。兽首横置，圆目较鼓，吻长，吻端圆而有上翘，有圆窝状鼻孔，顶后部有双角，体作简化外卷状。鸟立置，喙部弯曲且长，喙端尖锐，圆目外鼓，顶冠以短阴线表现羽毛，背有下垂状的三尖突，应与表现长羽有关，体亦简化外卷，与兽体相对相接。背面平而无纹，有3组隧孔。长10.3厘米、宽7.8厘米、厚0.9厘米。此玉器也被称为"龙凤玉佩"。

图4-22 双勾形勾云形玉器绘图及线图（**刘迪** 作）

　　双勾形勾云形器，出土于牛河梁遗址第二地点一号冢27号墓。绿色，布满白色瑕斑点。有正背面之分，体平而较薄，略弯向背面。器的两短侧边圆弧，一长侧边平直，另一长侧边中部起5个齿状突。四角卷勾，卷勾之间有窄镂孔。体中部的卷勾与器体相接为较规整的圆圈，圆圈以上留细弯状镂孔和圆圈内钻对称似目的双小孔。器面有随卷勾而以起地法磨出的瓦沟纹，纹脊甚细而流畅。竖高9.8厘米、横宽28.6厘米、最厚0.5厘米。这是牛河梁遗址出土器中个体最大，也是集高水平的切片、起地法、镂孔技法为一体的典型标本。

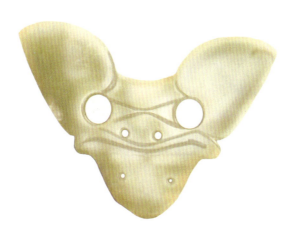

图4-23 兽面纹牌饰绘图（**刘迪** 作）

图 4-24　勾云形玉器绘图（刘迪 作）

图 4-25　勾云形玉器绘图（刘迪 作）

图 4-26　玉璧绘图（刘迪 作）　　　　图 4-27　玉璧绘图（刘迪 作）

图 4-28 竹节形玉器绘图（刘迪 作）　　**图 4-29** 玉镯绘图（刘迪 作）

图 4-30 双联玉璧绘图（刘迪 作）

　　牛河梁红山文化遗址的墓葬等级有序，不同等级墓葬出土的随葬品也强化了这个信息。其中，等级最高的中心大墓多处于整个冢或整个地点的中心，规模大，随葬的玉器相对较多，个体大，且玉质多纯正，有形制特殊的玉器和组合规律，与其他墓葬的主次关系分明。

　　台阶式墓规格仅次于中心墓，这个等级的墓葬也随葬精美玉器。但是该等级的墓室仅在一侧筑起台阶，应是规格低于中心大墓而又高于一般墓葬结构的一种定制。这是墓主人身份地位较高的一种特定表现方式。

　　除了墓的营建形制外，随葬玉器也有等级。如牛河梁遗址第二地点一号冢 4 号墓（N2Z1M4），虽然不是中心大墓，但随葬玉器的等级却较高。

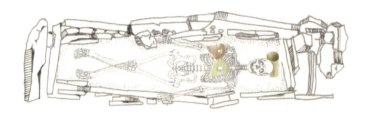

图4-31　牛河梁遗址第二地点一号冢4号墓示意图（丁佳倩 作）

牛河梁遗址第二地点一号冢4号墓，砌石墓。石板砌墓，墓室土底。叠压第21号墓之上。葬35岁左右男性、头朝东。右侧顶骨有砍痕。仰身直肢，两腿膝部相叠压，左腿在上，呈交字状。随葬玉龙2件、斜口筒形玉器1件。淡绿色玉龙放置在胸部左侧，白色蛇纹岩玉龙放置在胸部右侧，比淡绿色玉龙个体要小。两件玉龙的头部均朝向人腿的方向。斜口筒形玉器置于头下。

红山人将已入葬过的祖先迁到牛河梁地区重新埋葬，形成了二次葬，也称捡骨葬。对于二次葬的墓葬，也随葬有玉器。

图4-32　随葬玉器的二次葬示意图（丁佳倩 作）

牛河梁遗址第二地点一号冢7号墓，三人二次葬，均为男性，西为1号人骨，年龄30-35岁；东为2号人骨，年龄18-20岁；南为3号人骨，年龄30岁左右。墓室以石块砌筑，平面呈"凸"字形。随葬玉环、玉璧各2件，分置三堆人骨上。

第五节 成年男女合葬墓

牛河梁遗址第二地点一号冢24号墓为男女合葬墓，凌源市田家沟红山文化墓地也发现了男女合葬墓。其产生有什么意义？

牛河梁遗址第二地点一号冢24号墓，砌石墓，成年男女合葬墓。墓室中部用小石板垒起隔墙，分出南北两个单室。北室葬成年女性，仰身直肢，头朝东。南室葬成年男性，也是仰身直肢、头朝东。女性墓主随葬勾云形玉器1件（置于下腹部）、玉镯1件（戴在右腕上）。男性墓主随葬玉镯1件，同样戴在右腕上。

红山文化成年男女合葬墓反映了当时通婚形式的重大变化。这个变化可能由若干"区分"（或细分）过程演化而成。第一步，人类把自己与自然界区分开来，具备了与自然相分的自我意识，或曰人格初步觉醒。第二步，人类把自身与动物界区分开来，但是还未真正认识到自身与动物界的根本区别，这时的人为"本能的人"或"野蛮的人"。第三步，人们在观念上把自己与他性、他人乃至群体相区分，而迈出的第一步是男女之分。男女之分是关系到人类自身生产和社会延续的关键。第四步，作为文明社会细胞形态的一夫一妻个体婚制产生，出现了夫妇人伦，真正意义上的男女有别彻底实现了。这也预示着人类历史上具有划

图4-33　红山文化成年男女合葬墓示意图（**丁佳倩** 作）

时代意义的巨大进步产生了。

红山文化遗址发现的男女合葬墓向我们提供了 5000 年前社会发展状态的新证据。其中蕴含着社会结构细化的重要信息：5000 年前的红山文化时期可能就已经出现了较为稳定的夫妻关系，组建了社会的细胞——家庭。

上文已述，牛河梁遗址的 24 号男女合葬墓不是个案。同为红山文化遗址的凌源田家沟墓地群发现了 3 个男女合葬墓。该遗址位于大凌河支流渗津河左岸，北距牛河梁红山文化遗址约 51 公里，东北距东山嘴红山文化遗址约 34 公里。这里共发现 4 个墓地地点。考古工作者在第一、第三地点发现了在大体相同的时段内的男女双人并穴合葬墓。特别是第四地点发掘的男女双人合葬墓中，取消了男女之间的隔离物，表明墓葬中男女关系更为密切。其中，3 处男女双人并穴合葬墓均是男性在右侧，女性在左侧。这种 3 个墓地同时出现的男女成人合葬墓，应该体现着当时的家庭形态的一种情况。可能在红山文化晚期，家庭形态上存在着较为固定的配偶关系。这对于合理解释像牛河梁这类红山文化高等级墓葬当中，家庭的形成乃至于家族的发展与壮大，具有极其重要的研究价值。

红山文化时期，人们不仅在观念上明确了男女之分，而且确定了较为稳定的成年男女配偶关系，完善了家庭结构，从而为私有制的产生和文明时代的开启创造了基础。

第六节　陶筒形器功能分析

红山文化遗址中发现了一种上无盖、下无底的直筒形陶器，称为陶筒形器。陶筒形器存在和使用时间较长，在红山文化下层积石冢和上层积石冢均有发现，在下层积石冢和上层积石冢之间的女神庙阶段也有较多发现。

红山文化陶筒形器的使用非常普遍。集中出陶筒形器的遗址主要是牛河梁遗址第一地点、第二地点、第五地点、第十六地点，喀左东山嘴遗址方形基址，阜新胡头沟遗址 1 号墓葬等。许多陶筒形器朝向人们能观赏的一侧绘有纹饰。阜新胡头沟遗址出土陶筒形器更有特点，陶筒形器成排立置在 1 号墓之上的近圆形的石围圈东侧（11 件彩陶筒形器）。器口上覆盖 1–3 层薄石板。有的筒形器内放一两块河卵石。

陶筒形器是红山文化研究中不可回避的重要问题。近年来的研究不断有新的创见。红山文化如此普遍的陶筒形器是做什么用的？有人猜测是陶鼓，有人猜测是器物底座，有人猜测是火焰盛器，有人认为是天、地、人三者贯通器，有人认为是祭具和标识礼器，还有人认为是宗教用器、祭祀法器等。

红山文化陶筒形器功能和意义非凡，必须有新的视角对其进行研究。

陶筒形器往往用来为某个区域立界。成排立置，组成一个圆界或方界，围合一个空间。陶筒形器为冢或为墓立界比较普遍。怎么解释陶筒形器为某个事物或某个区域立界这个现象？《周礼·春官·鬯人》说："凡祭祀社壝用大罍"。壝，古代祭坛四周的矮墙（围墙）。罍，瓦罍，盛装精美饮料的陶器。"凡祭祀社壝用大罍"，这句话的意思是古人祭祀要用大的陶器围合一个空间。这句话告诉我们古文献记载过古人祭祀用陶器围合一个空间的情况。这极其重要。

用陶筒形器围合出一个空间是初始的"社"。《说文解字》说："社，地主也，从示土。"土则为生长农作物的土地。《礼记·郊特牲》说："社祭土。"封土为社。从起源意义上讲，"社"，原初的一种形态，当为红山文化陶筒形器围合出的空间状态。

红山文化上无盖、下无底的陶筒形器植于土里，是一种什么景观呢？当时牛河梁的墓和冢都封土积石，表面看不见了；玉器随葬在墓葬里，后人去祭祀，更看不见。祭祀时，能看见的只有积石冢的外形，更醒目的是围合出一个空间的陶筒形器。陶筒形器植于土里，要长出植物来的。植物培育在陶筒形器中，扎根于土地，生长出来，然后伸向蓝天、长在阳光里。

用陶筒形器置于冢或坛的外围，具有"示"的意义——给人看。这种情况下，积石冢具有了"社"的性质，而且不是一般意义的社，而是植物的社，生命的社，物候的社，一言以蔽之，可称为"稷社"。

陶筒形器与其培育的植物为一种祭物。这种认识，得到中国传统文献的支持。中国古代有用谷物祭祀的传统和记载。《礼记·郊特牲》记："唯为社事单出里，唯为社田国人毕作，唯为社丘乘共粢盛，所以报本反始也。"古人解释：粢，稷也，祭祀所用的谷物；稷曰明粢，在器曰盛，用以报本反始；也有人把粢解释为"六谷"。报本反始，回复到根本——吃饭是本，祖宗是始。红山文化陶筒形器当为"报本反始"的重器，其所育物，当为生长中的谷物等植物，用在重要祭祀场所，当为祭物。

由对食物的崇拜推进到用生长着的植物祭祀，陶筒形器承载了农业发达、人丁兴旺、生命绵延的特殊使命，为敬天保民思想的产生打下了基础。因此陶筒形器讲出了5000年前红山文化最精彩的故事。（参照第五章延伸阅读材料二《对红山文化陶筒形器的再认识》）

延伸阅读材料一：

牛河梁红山文化玉器与礼制文化

从牛河梁遗址建筑群现已发掘的几个地点来看，玉器主要作为随葬品出土于积石冢墓葬。即使是积石冢墓葬也只有在属于牛河梁晚期的上层积石冢中才有集中、大量的玉器出土。在现已发掘的第

二、三、五、十六地点中，共出土玉器183件，在遗址区内外收集玉器13件。从下层积石冢到上层积石冢——也就是红山文化后期晚段，社会关系曾产生过突变，是牛河梁遗址也是红山文化社会变革的主要时期。埋葬制度以及祭祀理念上的重大变革集中反映在牛河梁出土的玉器上。

一、以玉为饰的崇玉礼俗

牛河梁遗址出土玉器中有相当一部分属于装饰类，如镯、臂饰、小玉环、绿松石耳坠、玉坠珠等，这种以玉为饰的礼俗起源甚早。早在4万年前的旧石器时代，亚欧大陆北部就开始普遍出现用骨角、玉石制作的人体装饰物。香港中文大学中国考古艺术研究中心主任邓聪教授，将这一考古文化现象视为是人类讯息革命的突破、现代人类行为象征的显现。他认为，从西伯利亚南部阿尔泰地区人体饰物的出现，到中国新石器时代东北真玉文化的兴起，这个漫长的过程是东亚玉文化诞生的时空背景。从距今9000年的饶河小南山玉器，到距今8000年的兴隆洼文化玉玦，这种崇玉礼俗持续发展3000年到牛河梁时期，并形成了环太平洋的东亚玉文化圈。牛河梁下层积石冢墓葬多以环状玉饰、斜口筒形玉器和陶器作为随葬品，其中的玉镯和玉环即为装饰性质；而发展到上层积石冢时期，随葬的玉器种类大大增加，除了环状玉饰被持续而广泛地使用外，还发现了玉耳饰、玉臂饰和玉坠珠等。这种崇玉礼俗从以"美石"饰人为始，随着社会的发展和文明的进步，红山人将更多的精神信仰注入到对玉器的使用和认识中去，使玉的内涵日益丰富，逐渐发展演变为祭祀圣物。在这一过程中，装饰类玉器奠定了玉器功能进化的基础。

二、以玉示目的特殊习俗

玉器多出现于红山人的墓葬中，牛河梁遗址女神庙出土的唯一玉器就是女神头像的眼眶里镶嵌的一对玉睛片。头像眼嵌玉石为睛，玉石为滑石质，淡灰色，睛面圆鼓磨光，直径2.3厘米，眼睛的背面做出钉状，深嵌入眼窝中。

把玉器与女祖神的眼睛联系在一起，这是一个非常独特的思想观念，应该是取象比类的结果，眼球晶状体的半透明质地与玉器的材质类似，抛光后的玉器表面很容易联想到眼睛的光泽。在红山先民心目中，玉器是具有至高无上地位的神物。对女祖神的尊崇应与对玉器本身特殊崇尚的理念相关联。

这种"以玉示目"的观念在牛河梁红山文化之前和之后的考古文化中都有发现，应该是一种源远流长的特殊祭祀礼俗。

在距今8000年前的兴隆洼文化敖汉兴隆沟遗址4号墓的人头骨右眼眶内嵌1件环状玉玦。据发掘者刘国祥介绍，墓葬填土中还出土1件环状玉玦，缺口处有明显的磨损痕迹，这对玉玦应为墓主人生前佩戴在双耳上的装饰品，死后可能由于右眼有疾，故将其中一件玉玦嵌入右眼眶内，起到以玉示目的独特作用。牛河梁遗址出土的那件著名的红山文化陶塑女神头像，眼眶内嵌入圆形绿色玉片，应看成是对兴隆洼文化以玉示目思想观念的传承和升华。

祭祀女神是牛河梁遗址祭祀古礼的重要内容，女神像的塑造过程中红山先民选择被神圣化的玉料，以抛光后的效果来表现女神眼睛这一重要器官，说明以玉示目的行为在牛河梁红山文化时期已经升华为一种庄严神圣的礼制现象。

三、龙凤玉器与阴阳之礼

龙凤文化中蕴含的阴阳和谐之礼，是中华传统文化中绵延数千年的重要礼俗。

牛河梁积石冢墓葬出土玉雕龙3件，其基本形态为兽首蛇身，这种玉器从造型上成为后世龙形玉器的源头。牛河梁出土鸟形玉器5件。在红山文化其他遗址如阜新胡头沟、喀左东山嘴曾出土过鸮形玉器。总之，鸟形玉器代表了天上的禽类，是后世凤形玉器的前身。

牛河梁遗址N2Z1M23出土的鸟兽纹玉佩是红山文化中鲜见的异类动物合体造型，展示了红山人对鸟神、兽神的崇拜，文化内涵十分丰富。说明天地、阴阳的抽象观念已经被概括并组合在该玉器的造型设计理念之中。红山人希望通过这件玉佩达到自身的精神追求，即构成该玉佩的是天上猛禽和地上猛兽，代表天与地，两者组合在一起，表达了希望天地相合的意向。该器物的出土，进一步说明阴阳观念这一礼制内涵已经与龙凤文化融合，并升华凝固为玉器的形制，成为阴阳和谐之礼的物化形式。

阴阳观念在红山文化中已经十分成熟，此前在距今8000年的兴隆洼文化居室墓葬中就已经有陪葬墓主人的雌雄野猪，被视为阴阳观念产生的滥觞。

牛河梁红山文化遗址第五地点中心大墓出土的雌雄玉龟，握于墓主人左右手中。"中华文明探源工程"第二阶段"红山玉器工艺"课题组成员通过实验发现雌雄玉龟是摞起来使用的，认为这种现象反映了中国古代宇宙观中的阴阳思想。

四、"唯玉为葬"及其与坛、庙的整体关联

牛河梁已发掘的第二、三、五、十六地点共有97座墓葬，其中有随葬品的墓48座，占全部墓葬的49.5%。其中同时有玉器和陶器随葬的只有1座墓（N2Z4M8），同时有玉器和石器随葬的只有1座墓（N2Z1M9），只随葬陶器不随葬玉器的有3座墓（N2Z4M5、M6、M7），其余43座墓都为只随葬玉器的墓，只随葬玉器的墓占到有随葬品墓葬的89.6%。随葬陶器的墓葬全部属于下层积石冢。由此看来，红山文化上层积石冢墓葬有"唯玉为葬"的埋葬习俗。特别是在高等级的中心大墓中，玉器是唯一的随葬品。

这种对玉器特殊崇尚的葬俗早在红山文化之前的两三千年就已经萌芽。在兴隆洼、查海、兴隆沟等遗址都有玉玦等透闪石玉器出土于墓葬。这种葬俗发展到红山文化时期已经十分成熟。

以"坛、庙、冢、台"为特征的牛河梁大型祭祀中心的出现，应是缘于红山文化信仰共同体举行大型祭祀典礼的特殊需要，这种宗教典礼和祭祀场所的出现也促进了玉器的发展。中国社科院考古所研究员刘国祥认为："红山文化晚期已经形成了一套比较完备的

玉礼制系统",其内涵是"通过随葬玉器的数量、种类及组合关系的变化反映出不同墓主人间的等级差异",从而在使用玉器方面"形成有一套固定制度"。这种用玉制度体现在以下方面：

1.在体现礼制方面，玉器的使用具有唯一性。墓主人身份级别的高低通过玉器能够明确表现。

2.在使用功能方面，玉器的内涵具有多重性。它们既可以作为随葬的礼器，又可以是祭祀典礼中神职人员使用的宗教法器，有的还可以作为装饰品佩戴。

3.玉器使用者的身份具有特殊性。积石冢既是殓葬死者的墓地，又是生者的祭祀场所。玉器的使用者（墓主人）在当时具有较高的社会地位。

4.在祭祀理念方面，出土玉器的积石冢具有功能的统一性。积石冢是红山文化一种特殊的墓葬形式，从牛河梁遗址的整体布局看，它的功能不单是殓葬死者，它还与周边的方圆祭坛、女神庙、山台构成一个统一的整体，具有统一祭祀理念和功能。

牛河梁红山文化上层积石冢"唯玉为葬"的埋葬制度与祭坛、神庙构成的遗址整体祭祀功能及其理念相关联。祭坛和神庙是遗址的重要组成部分，随葬玉器的积石冢在祭祀理念上应与遗址整体的祭祀理念相统一。牛河梁遗址祭坛有圆坛、方坛，分别具有祭祀天地的功能，女神庙与巨大的山台构成一组紧密相关的建筑遗址，是整个牛河梁遗址东北部的核心，周围有第六、七、八、九地点的积石冢拱围。第十三地点的圆台形祭坛是遗址西南部的核心，两侧有第十五、十六等积石冢地点护卫。第二地点的圆形祭坛和第五地点的方形祭坛两侧都是积石冢。这种现象说明，积石冢中的墓主人及其随葬的精美玉器都附属于祭坛祭祀天地的主体理念。

牛河梁遗址下层积石冢墓葬一般随葬彩陶器和少量玉器，而上层积石冢的墓葬特别是高等级墓葬却出现"唯玉为葬"的礼俗，这说明牛河梁上层积石冢对玉器的使用经过社会关系的变革后形成了制度化的礼制。在红山文化的广泛分布区域中出土的玉器形制统一，制作工艺精湛，说明当时的制玉业已经从其他社会劳动中分离出来，成为一种新的行业。从玉料的选用、玉器的造型、制玉的工艺，到玉器在墓葬中的摆放位置、随葬数量和使用组合都有一定之规，显示了红山社会的等级差异。另外，对玉器的崇拜以及红山文化玉器的造型与人类的生产、生活以及观念意识密切相关，红山人的社会秩序决定了红山人在埋葬死者时的用玉秩序。

郭大顺先生指出，以牛河梁遗址为代表的红山文化墓葬多随葬玉器，而且出土的玉器个个是精品……可以发现，红山文化玉器已具备了夏商周三代文化中"礼"的雏形，"唯玉为葬"的实质乃是"唯玉为礼"。这种规范化的祭祀用玉及其展示的社会差异和社会组织功能，反映了中国早期的礼制文化因素。

本文引自董婕《牛河梁红山文化玉器与礼制文化探析》一文，原载于《理论界》2015 年第 7 期。

延伸阅读材料二：

牛河梁红山文化陶器研究

牛河梁红山文化遗址出土了大量的陶器。"神农耕而作陶""舜陶于河滨""宁封子为黄帝陶正""女娲抟土造人"的传说，反映了陶器在古代社会的重要性。

一、牛河梁红山文化不同时期的陶器分布情况

据《牛河梁红山文化遗址发掘报告（1983-2003 年度）》称，牛河梁红山文化分为三期：第一期为下层遗存；第二期为下层积石冢阶段；第三期为上层积石冢阶段。

（一）牛河梁红山文化第一期的陶器

在第一地点第二建筑址的四周和附近的3处窖穴出土的陶器有筒形罐、双耳罐、折肩罐、钵、碗式钵、方形器、方"鼎"形器、斜领罐、折腹盖盆、"塔"形器、圜底钵形器。其中筒形罐和折肩罐都饰有压印之字纹，"塔"形器腹部外表涂黑彩，饰有成排的指甲纹。

第二地点四号冢灰坑中出土的陶器以筒形罐为多见，其次为盆、器盖和形似盅尊的小型陶器等。还有一件纺轮。筒形罐多饰竖压横带之字纹。

在牛河梁第五地点的下层遗存，出土陶器有泥质陶和夹砂陶两种，泥质陶略高于夹砂陶。泥质陶中包括泥质红陶、泥质灰陶和泥质黑陶，器形以钵为主，还有少量盆、罐、瓮等。夹砂陶多呈灰褐色，器形以筒形罐为主，还见少量斜口器、盆、器盖等。

牛河梁第五地点下层遗存的陶器有纹饰的占绝大多数，素面无纹饰者较少。泥质陶的纹饰主要装饰在陶钵口沿上，以黑彩平行线为主，还有少量的压印之字纹和戳印纹。夹砂陶的纹饰主要有戳印堆纹、戳印纹、之字纹、平行短线纹、刻划网格纹和席纹等。

（二）牛河梁红山文化第二期的陶器及纹饰

第五地点下层积石冢、第二地点四号冢下层积石冢属于牛河梁第二期。

在第五地点下层积石冢出土的陶器有夹砂陶和泥质陶两类，夹砂陶约占20%，泥质陶约占80%。夹砂陶中以灰褐色为主，少量为黑褐色和红色。泥质陶中红陶占绝大多数，还有少量灰陶和极少的黑陶。

夹砂陶中以筒形罐为主，还有鼓腹罐、束颈罐和斜口器。泥质陶中以筒形器为主，此外还包括少量彩陶钵、双耳罐和1件黑陶折腹钵。

与下层遗存相比，有纹饰陶片比例大幅下降，主要纹饰为之字纹和黑彩涡纹。

夹砂陶器上多有纹饰，主要为之字纹，此外还有戳印堆纹、戳印纹、平行短线纹、垂鳞纹和席纹等。泥质陶器以素面为主，器表多施有红陶衣。在陶钵口沿、陶罐和少量筒形器腹部饰黑彩纹饰。纹样主要有平行线纹和勾连涡纹。夹砂陶的纹饰种类以及施纹方法与下层遗存所出基本相同，但是有几点变化值得注意：多成组的平行短线、席纹少见，网格纹不见，增加了垂鳞纹；之字纹是最主要的纹饰，以刻划之字纹为主，纹饰变得更加规整；器身多饰以对称的小组。泥质陶的纹饰以黑彩涡纹为主，黑彩平行线纹的数量和比例大幅下降，两种纹饰的混合使用较为常见。

第二地点四号冢下层积石冢共发现10座。其中M4、M5、M6、M7、M8出土的陶器有筒形器、"塔"形器、带盖彩陶瓮（罍）、红陶钵、陶盖盘。除陶盖盘为泥质磨光黑陶外，其他陶器皆为泥质红陶，有彩者绘黑彩。筒形器素面为主，纹饰有单勾涡纹；塔形器为泥质红陶，绘黑彩，纹饰为无卷勾的弧线三角为基本单元组成的带状图案。

第十六地点下层积石冢相关的遗存有第四层出土遗物、79TI-79T5第三层出土遗物、灰坑H97和房址79F1。出土的陶器中泥质红陶占大多数，器形有筒形罐、斜领罐、盆、钵、杯、筒形器等。

（三）牛河梁红山文化第三期的陶器及纹饰

第一地点"女神庙"出土特异型陶器，有大型彩陶"塔"形器残片、熏炉器盖和圜底钵形器，皆为泥质红陶，火候甚高。"塔"形器疑有使用时被二次火烧的情况。壁厚1.5厘米–2厘米。外表平滑或涂红衣，内壁较粗糙，遗有制作时的划抹痕迹。"塔"形器腹部是在先涂黑彩的外表，饰排列整齐密集的指甲形窝纹，下部的裙带外壁涂红衣。底座外表涂红衣，呈深红色，甚光滑，绘黑彩，为宽带组成的折线勾连回纹，彩带非常整齐。

在第五地点上层积石冢发现的陶器夹砂陶数量很少，泥质红陶最为多见。夹砂陶均出土于积石冢冢体封土和冢下垫土层中。都是日常生活用品，器形有筒形罐、斜口器、器盖等。

泥质红陶有一般器类和筒形器及有关器类两大类。一般器类以钵为主，还有盆、瓮等。这类陶器均出土于积石冢冢体封土、冢下垫土层和墓葬填土中。筒形器及有关器类以筒形器为主，还有少量彩陶罐、"塔"形器等。这类陶器均出土于冢体表层和墓葬中，其中筒形器主要出土于冢体周围。夹砂陶纹饰有之字纹、戳印堆纹、平行短线纹等。泥质陶纹饰主要有戳印纹和弦纹。

陶钵口沿主要饰黑彩平行线纹，彩陶罐主要饰黑彩涡纹带与黑彩平行线条带相间的组合纹。筒形器的彩饰比较丰富，主要有黑彩涡纹带与黑彩平行线条带相间的组合纹、黑彩涡纹带与大斜三角折线纹构成的组合纹饰以及宽带纹、三角纹、菱形纹、三角折线纹等。

彩陶罐和筒形器形体规整，彩陶纹饰流畅，尤其是筒形器数量大，且形态基本一致，应该是使用轮盘成型。

在第二地点四号冢上层积石冢发现的陶器以筒形器为主。在第二地点Z4B发现陶短体式筒形器，都是泥质红陶，手制，有彩者绘黑彩，主要纹饰有连续菱形方格纹带、平行宽带纹等。在N2Z4A发现B型筒形器，都是泥质红陶，手制，有彩者绘黑彩，纹饰有连续菱形方格纹带下接垂鳞纹、直角三角纹、勾连涡纹带间三道平行线纹；另有少量的扁钵式筒形器，都是泥质红陶，绘黑彩，有细斜线纹、菱形方格纹；还发现4件"塔"形器陶片。

第十六地点上层积石冢Z1冢体出土"发现筒形器、扁钵式筒形器和'塔'形器三种，集中出土于积石冢东、西界墙的积石层内及附近，以筒形器占绝大多数。""筒形器均为B型筒形器，以外折沿占绝大多数。外折沿又可分为内沿斜折、外沿外展及内沿弧折、外沿或外唇缘微下垂或唇缘下垂等细微差别。腹部饰彩者一般绘半周黑彩，彩陶纹样主要有勾连涡纹、大斜三角折线纹、宽带纹等，还有少量勾连涡纹加平行线纹、几何三角纹等。一般勾连涡纹和大斜三角折线纹构成一组完整纹样图案，宽带纹通过平行重复的方式独自成组。

扁钵式筒形器发现 A 型和 B 型两种，以前者为主。腹部饰彩者的彩陶纹样依然是平行线纹加斜方格纹。

二、牛河梁红山文化陶器与纹饰的功能

牛河梁红山文化存续期间的文化面貌绝不是一成不变的。随着社会生产力的提高，制作工艺、制作水平会发生变化，进而引发器物形态的演化，同时与周围其他文化的交往，会发生交换，对新物质的认知，会引起居民审美观念的变化等。

（一）牛河梁红山文化陶器的实用与求美功能

初期红山先民在生产生活中使用了陶器，在陶器制作中进行了一种朴素的、自由的表象创造，如指甲戳印纹、压印纹、划纹。倾注着制作者个人质朴纯真的情感和随心所欲的个性，具有信手拈来的随意性的艺术特点，制作的陶器具备了实用与求美的功能。

（二）牛河梁红山文化陶器的求美与祭祀功能

中期，在随葬品中出现了瓮（罍）、双耳罐等，瓮（罍）、双耳罐原来是用于生活中，使用者死后随葬的。这一时期还出现了专门用于祭祀的筒形器和"塔"形器，筒形器素面为主，少量的彩绘纹饰也以单勾涡纹为主。红山先民在陶器纹饰上，对对称、重复、均衡以及色彩等美的形式法则有了自发的意识。因为"人类最初是从功利观点来观察事物和现象，只有后来才站到审美的观点来看待它们。"由此可见，这一时期的陶器具备了求美与祭祀的功能。

（三）牛河梁红山文化陶器的祭祀与礼制功能

后期，牛河梁红山文化出土的陶器，尤其是筒形器，器形规整均匀，彩绘线条流畅，出现了斜宽带纹与垂鳞纹组合纹样、勾连涡纹与大斜三角折线纹组合纹样。这一时期的陶器升华到了具有祭祀与礼制的功能。

从牛河梁红山文化陶器与纹饰的发展过程及使用功能上看，红

山先民制作的思维活动过程经历了三个阶段：一是在使用陶器过程中，通过生活的观察，体验发现美的东西。二是这种美的东西经过内心视像的酝酿，形成美的意向。三是在审美意识的基础上，承载着远古的礼制文明。由此可以看出，牛河梁红山文化陶器与纹饰在功能上具有实用性与艺术性统一的特点。红山先民从最初的为了满足基本生存的需要，到为了美观的需求，最终为了满足精神的需要进行艺术创作。牛河梁红山文化陶器与纹饰反映了红山先民的精神需求和审美意识，显现了中华民族美感意识的源头，是古代文明发展中的重要一环，也是中华文明发展史最重要的印记。

本文引自宋志春《牛河梁红山文化陶器研究》一文，选自王丽颖主编《牛河梁红山文化遗址研究》。

阅读完前四章，至本章，如同由红山文化大门，进入到红山文化"大厦"的顶部，即祭坛阶段。红山文化营建的祭坛是目前已知的红山文化的最高成就，也可能是最后的成就。

　　红山文化后期，以牛河梁等红山文化遗址等为代表，在营建下层积石冢、女神庙和山台、上层积石冢之后，营建了祭坛。祭坛比上述其他建筑物等在功能上更具有兼容性，即除了祭祀祖先（女神庙兼祭动物神）之外，还兼有祭祀天地万物的功能。这是人们在行为上和认知上都发生了重大进步的结果。

　　东山嘴红山文化遗址发现了多个先用后弃的祭坛，反映了社会变革的急剧性。牛河梁红山文化遗址第二地点有冢坛合一式祭坛，还有三重圆形祭坛，表明了祭坛形式和内容的多样性。牛河梁红山文化遗址第五地点的祭坛有方形和圆形两种，同样表现了祭坛形式和内容的多样性。牛河梁红山文化遗址第十三地点，本身是巨大山体性祭坛，有"金字塔"之称，意义重大。

　　阅读本章，您会对红山文化祭坛有一个全面的了解。

第五章　发现牛河梁（祭坛篇）

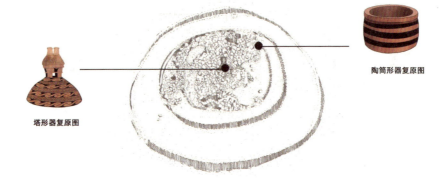

塔形器复原图

陶筒形器复原图

第五章 发现牛河梁(祭坛篇)

东山嘴红山文化遗址被发现以后，苏秉琦先生等考古学家首先从遗址中捕捉到祭坛所代表的文明要素并加以研究和推介。后来发现了牛河梁红山文化遗址，在已经发掘的多个地点中均发现了祭坛。按红山文化各个事件发生顺序，祭坛建设在下层积石冢和神庙之后，但苏秉琦先生总是用"坛庙冢"来概括牛河梁红山文化遗址。为什么用倒叙的方法来表述呢？因为苏秉琦先生更看重坛，认为坛包含了更多的中华文明的初始基因。

祭坛，起初命名为台。台和坛所指向的事物相同。苏秉琦先生不仅对祭坛很看重，而且概括了其精神内涵。苏秉琦先生说："红山文化坛、庙、冢三种遗址的发现，代表了我国北方地区史前文化发展的最高水平，从这里我们看到了中华五千年文明的曙光。"因此，虽然红山文化的重要元素很多，但是苏秉琦先生坚持把祭坛排在第一位。

祭坛是红山文化的一种独特的文化礼仪建筑，多用于祭祀，一般为台形建筑。有的是土台，有的由石包砌，有的用陶筒形器围合。红山文化建筑祭坛，用以表达他们的思想观念。

关于利用祭坛进行的传统祭祀（祭礼和程式），泰国的传统文化认为：各种信仰和宗教继承了朦胧的过去，并代代相传，人们就从古代的魔法和迷信中吸取了各种形式的祭礼和程式。之所以引用这段话，是因为可以从中得到启发。"朦胧的过去"，表明了一个时代。大致指人类的幼稚时期。后来形成的比较有规则的祭礼和程式，始于"朦胧的过去"。红山文化各种形式的祭礼和程式当然也是始于"朦胧的过去"，并且是对朦胧过往的祭祀和生活的继承。红山文化的祭坛等，都是吸取过去经验、代代相传累积而成的建筑，包括祭礼和程式。

第一节 东山嘴遗址祭坛

东山嘴红山文化遗址有石圈形坛和多圆形石砌坛。石圈形坛，指祭坛；多圆形石砌坛，指以往使用过的祭坛的遗留（见图 1-19、图 1-27）。

石圈形坛（祭坛）距北边方形石筑基址南墙约 15 米，用小石块、小石片在厚约 50 厘米的黄土堆积上铺砌而成，正圆形，直径约2.5 米，距地表仅 20 厘米-40 厘米。正圆形石坛周边以近长方形的石片镶边，向外一边平齐，从外表看整个圆台址的边缘十分整齐。值得注意的是圆台址对应北边方形石筑基址南侧的部位有明显下凹。这说明祭坛与北边的方形石筑基址有互动关系。这种互动关系表明，两者不是孤立存在的，祭坛与北边的方形石筑基址是一体建筑物的两个组成部分，表现了密不可分的统一性。祭坛的外边是石圈，内里铺满一层河卵石。石圈和河卵石构成了祭坛的主体。

上文已述，除了上述祭坛之外，还有以往使用过的多个祭坛的遗留，称为多圆形石基址。多圆形石基址（遗留的祭坛）在上述祭坛之南，大约 4 米。遗留祭坛在残缺的形状中，可分辨出 3 个相连的圆形基址，位于原生黄土之上。其中两个能辨出轮廓，近椭圆形，一个东西径 3.8 米、南北径 3.1 米，另一个东西径 4.1 米、南北径 2.9 米。这两个近椭圆形基址周边都用较大石块和河卵石砌出两圈，石圈内台面铺较小石块。

根据地层分析祭坛和遗留祭坛的形成时间，遗留祭坛使用时间在前，石圈形台址（祭坛）形成和使用时间在后。这意味着祭坛不仅有前后使用的关系，而且是后一代人用新的祭坛否定了以往的祭坛，更新了自己的观念。不断否定，不断进步，非直线性前进，但最终跃升到了一个新阶段。

东山嘴遗址石圈形坛（祭坛）和多圆形石砌坛（遗留的祭坛）东侧和东北侧分布残缺的人偶，东侧有人的尸骨。这又意味着什么？意味着祭坛有祭祀祖先（人的尸骨）的性质，意味着人偶是人们祭祀祖先的祭品之一。

总之，祭坛与北边的方形石筑基址，与以往遗留的祭坛，与人偶，与人的尸骨都密切相关，共同表现了红山文化的一种祭礼和程式。

第二节　牛河梁遗址第二地点冢台合一建筑

与东山嘴遗址祭坛不同，牛河梁遗址的祭坛有自己的特色。

1984 年，发掘牛河梁遗址第二地点二号冢 1 号墓的时候，发现了一个特殊形态的墓葬——冢坛合一的墓葬样式。当时把坛称为台，后来的考古报告也称为台。其实台就是坛。冢坛合一的墓葬位于第二地点二号冢的中心部位，是一处不可多得的上古地上建筑。

这处冢坛合一墓葬的土圹直接凿入基岩里边。土圹内砌筑长方形墓室，墓室在原地表以下。四壁用石灰岩块石、板石平砌，一般 4-6 层。内壁平直长。二层台在墓室上口起筑，台高约 0.2 米，台内壁长 2.9 米、宽 1.5 米。此墓保存现状不好，已残破，有从冢台顶的中部直掘到墓室底部的扰坑。墓室有薄石板盖顶和铺底。发现一段人骨，但无法确切判断墓主性别、年龄和头向。东部有一小片单层石块拼砌的长 1.5 米、宽 0.3 米、高 0.15 米的铺石，推测可能是墓主人头向的标志。如果推测不错，墓主人头向为东向（东西向 100°）。在墓室还发现了腐朽的兽骨和少量红陶片。

第二地点二号冢 1 号墓的重要特点是在墓、冢的上部建立"一体两用"的冢台，既是冢顶，又是台（坛），冢台（坛）合一。冢台起于原地表，为石块砌筑而成的地上方台。底部大、顶部小，如一覆斗，每边长 3.6 米，高 0.7 米。石料之间相互咬合，大体齐整，从底向上内收，整体协调紧凑。顶部用封石砌成较平的台顶。

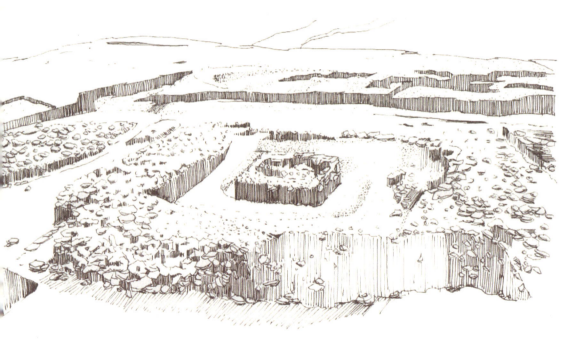

图 5-1 牛河梁遗址第二地点二号冢冢坛合一示意图（丁佳倩 作）

牛河梁遗址第二地点二号冢 1 号墓的构造独特，在墓、冢的上部建立"一体两用"的冢台，形成台坛合一建筑。底部大、顶部小，如一覆斗。冢台台壁的砌筑十分讲究。这座冢台合一建筑保存完整，保留了红山人建筑设计和建筑技术以及劳作的痕迹，也透露出冢和坛的既有区别又有联系的内在关系。

冢台台壁的砌筑十分讲究。底层多用较大的石块，上部以板状石块为主，石块不规则，但上、下两面平齐，一般5-6层。转角处用人工处理过的较为规则的石块，长方形或方形；用于砌筑转角的石块，外侧加工成直角。选用外厚内薄的石料充填于大型石块之间，以小碎石填塞砌石间的较小缝隙。

冢台四壁的砌筑十分有特色。各台壁所用石料、砌筑方法和壁面情况各有特点。每壁的上、下和不同侧面均有不同风格。北壁底部所用石料多样，较长的板状石居多，其中片麻岩较多，也有花岗岩和灰砂岩，规格、形状不统一。用较多的小石块和碎石填缝。整个壁面呈杂乱中的齐整。南壁多用白色石灰岩石料，多不规则，很少使用长条形石，壁面大体齐整。西壁南部多用白色石灰岩石块。东壁砌筑得最优。东部东壁的基部以较长的板状石为主，片麻岩和灰砂岩质，两层的基部砌筑平齐；上部也用板状石，多为花岗岩质，由两侧向中部下斜走向，相互咬合。砌筑的石块间很少有缝隙，因而很少用小石块、碎石填缝的现象。东壁显得更加整齐坚固。第二地点二号冢1号墓冢台以上和冢台以外以纯净的黄花土封固，封土最厚处达0.7米。在冢台顶封土里发现了动物骨骼。

上文详细介绍冢台（坛）的用料和砌筑方式，用意是什么？一是突出红山文化冢、台（坛）结合的结晶。积石冢是坟墓，台（坛）是祭祀场所，二者有机结合，可以用冢去释坛，还可以用坛去释冢。一句话，坛主要是祭祀祖先的。二是说明冢台（坛）合一的建筑非常复杂，已不是东山嘴遗址那样的外置石圈、内铺河卵石的祭坛形制。三是请读者了解古人营造冢台（坛）合一建筑的虔诚程度，用其所有，尽其所能，精益求精，达到了当时尽善尽美的水准。

这座冢台合一建筑保存完整，保留了红山先民建筑设计思想和建筑技术，以及劳作的痕迹。

第三节　牛河梁遗址第二地点祭坛

最有特点的是牛河梁红山文化遗址第二地点中部营建的祭坛。这座祭坛建在牛河梁山岗漫梁处的高点，位于第二地点二号冢与四号冢之间。考古工作者们对该祭坛进行过两次发掘：1984 年为第一次，全面揭露出积石坛体；1991 年为第二次，对坛体的东南部分 (约占坛体的 1/4) 进行解剖发掘。

为什么定名为坛？因为此建筑的结构、形制与用料、砌筑方法与其他积石冢差别较大，暂无墓葬发现，呈圆坛状，三层台阶，故定为"坛式"建筑。

此坛建于垫土之上。平面接近正圆形。以三层立石为界桩，圈出三个圆，即外、中、内三个同心圆。坛体从外向内三层台阶，由外到内，层层高起。用立置石块形成坛阶台的石界桩。立置石块的大部分是在垫土时直接埋入土里的，仅有约 10 厘米的桩顶露在外边。垫土疏松，未压实，致使石桩产生倾斜。石桩全部选用呈棕红色的安山岩，为自然多棱体柱状，起不规则的五条棱或四条棱，个别的为四棱扁体。一般把柱壁较宽的一面朝向外边。外、中、内圈选用的石桩大小不一。外圈的石桩最大，高 35 厘米–40 厘米，截面 10 厘米–12 厘米；中圈所用石桩高约 30 厘米，截面 8 厘米–10 厘米；内圈的石桩最小，高约 25 厘米，截面 6 厘米–8 厘米。

外石界桩围出的桩圆圈直径 22 米。底部垫土为棕黄色。仅西南边缘保留下来的一段，用石桩 63 根。

中石界桩围出的桩圆圈直径为 15.6 米。距外桩圈 3.15 米–3.4 米，保留石桩 234 根。

内石界桩圈围出的桩圆圈直径约 11 米。距中桩圈 1.8 米–2 米，保留石桩 159 根。

三周石桩圈如后代的坛，外低中高，层层高起。中桩圈约高出外桩圈 0.4 米，内桩圈约高出中桩圈 0.1 米。总体上是层层高起的坛。

并不是整个坛体之上都堆石。堆石集中于内石界桩圈内，中心部位保存最厚，约 0.6 米。在近于内桩圈处，存厚仅 0.2 米。堆石只分布于内桩圈内，似乎用以形成坛体中央——坛顶。坛顶堆石最初也是砌出一个圆形台面，与石界桩圈的弧度相应。

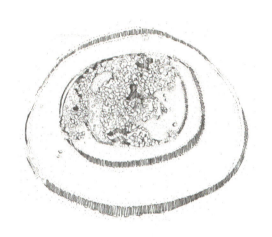

图 5-2 牛河梁第二地点三重圆坛绘图（丁佳倩 作）

坛体上放置着陶筒形器。陶筒形器作为祭祀重器，不是放在整个坛体上，而是仅仅在内桩圈内设置陶筒形器群。陶筒形器片大部分散布于内桩圈的两侧。重要的是在内石界桩圈向里 20 厘米 -50 厘米范围，发现了 3 件原位放置的陶筒形器底部。推测位置应在内石界桩圈与坛顶封石之间。在坛顶的封石上还发现了陶"塔"形器残片。

考古学家推测坛的营建过程如下：第一步平整地表、垫土。使北高南低的建坛场地大体水平。垫土 0.3 米 -0.6 米，南侧低，故垫土厚。垫土同时，放置石界桩圈，逐个逐层埋入土中。第二步是用封石做坛顶。仅做出坛顶中部，起个小台。在内桩圈与坛顶中部小台之间，并排摆放陶筒形器。

在坛体垫土内发现的遗物多是陶器碎片。在坛体堆积中发现的遗物除了陶器碎片，还有 2 件玉钻芯，均为管钻之后的遗留物。

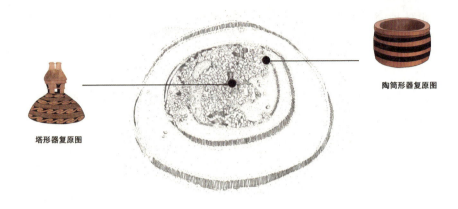

塔形器复原图 　　　　　　　　　　　陶筒形器复原图

图 5-3　牛河梁遗址第二地点三号冢祭坛复原示意图（**丁佳倩　刘迪** 作）

　　牛河梁第二地点三号祭坛呈三重圆形，由外向内层层起高，突出了坛的性质。根据祭坛内石界桩圈里侧发现了 3 件原位放置的陶筒形器底部推测，红山人当时在祭坛的内桩圈与坛顶封石之间放置一圈陶筒形器。另外在坛顶的封石上发现了陶塔形器残片，推测当时祭坛中心还放置了陶塔形器。

　　牛河梁红山文化遗址第二地点中部营建的祭坛是中国最早的坛式建筑之一。一经发现并公布，引起了广泛关注和研究。有学者研究认为，牛河梁遗址第二地点三层同心圆台阶式祭坛，应当是后世祭坛的源头，为北京天坛、西安天坛结构之祖制。苏秉琦先生更是一语定论："坛的平面图前部像北京天坛的圜丘，后部像北京天坛的祈年殿方基。"至今研究者仍认为这是最准确的定论（见图 6-4）。

　　北京天坛是中国封建社会重要的礼仪性建筑群。三色琉璃三重檐的祈年殿，汉白玉栏杆筑起的三层祭坛圜丘，一条长 360 米、宽 30 米的神道将它们串起，其他礼仪建筑沿着中轴线分布。这种三层起坛、天圆地方、沿中轴线布局的建筑理念，连同"北庙南坛""敬天法祖"的传统，早在红山文化时期已出现并形成规制，一直绵延至今。这一礼制的滥觞，就是牛河梁遗址特殊的"坛庙冢"组合。

（徐豪：礼出红山：史前第一次礼仪制度的飞跃，《中国报道》2023年7月刊。）

图5-4 牛河梁遗址神庙与第二地点祭坛"北庙南坛"示意图 **（徐兴楠** 作）

第四节　牛河梁遗址第五地点祭坛

　　牛河梁红山文化遗址第五地点祭坛的外廓是方形，位于两个上层积石冢之间，即积石冢一个在西，一个在东，当中是方形祭坛。

　　牛河梁遗址第五地点的坛体近似长方形，方向148°，保存完整。整个坛体用白色的石灰岩石块单层铺砌而成。整个坛体显白色。坛体边框所用白色石灰岩石料较大，向外一侧的边缘较为齐整。边框以内所用石块也平铺，无规律摆放。在坛体北半部的中心处发现4具人骨，压于石块之下。4具人骨排列紧密，南北向一字摆放，可能为二次葬。祭坛地层出土遗物有石器，其中石铲2件、石叶2件、雕刻器 1 件。还有陶筒形器、陶盆、陶瓮、陶罐等陶器碎片。

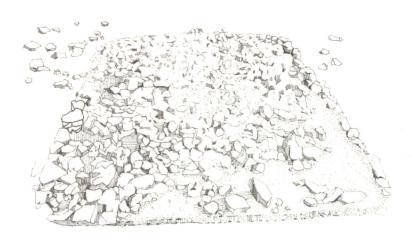

图 5-5　牛河梁遗址第五地点祭坛绘图（丁佳倩 作）

第五节　牛河梁遗址第十三地点祭坛

牛河梁红山文化遗址第十三地点可称为坛，为一特异型建筑，有东方"金字塔"之称。第十三地点是牛河梁遗址群中规模最大的单体建筑。

1985 年，苏秉琦先生在兴城嘱咐郭大顺先生"找到更多青铜器"。孙守道、郭大顺等想起了 1984 年在牛河梁工地采集到的几块坩埚标本。坩埚是用耐高温的材料制作而成的器皿，它的作用是熔化和精炼金属液体（包括铜矿物液体）。发现坩埚，即发现了熔化和精炼金属（包括铜）的器皿，意义重大。从兴城回来后，孙守道、郭大顺等到牛河梁遗址第十三地点现场复查，又采集到若干壁厚近 3 厘米的坩埚残块，还有铜渣。经过仔细观察，他们发现坩埚残块为多孔状，外为红烧土草拌泥，内部已焦化，确定无疑是坩埚。这些坩埚是不是红山文化时期的？一时不能肯定。因为第十三地点为一高台，上面除大量红烧土外，还有不少汉代陶片。试掘之后，又发现了汉代夯土、土坯之类。（刘瑞编著：《苏秉琦往来书信集》第一册，社会科学文献出版社，2021年，第483页。）

发掘过程中，不断有好事者传话，不久社会就有消息传出：牛河梁遗址金字塔式建筑发现了坩埚。牛河梁第十三地点到处散布着带有红山文化特征的之字纹彩陶片和冶铜坩埚片。每一坩埚高约1尺，埚口约有0.3米，共有1500个之多。为了保护这个炼铜遗址，人们已经将这些冶铜坩埚封在土里。据此就有人传言：坩埚的发现，意味着5500年前的红山文化已经具备红铜熔铸技术。并推测说，红山文化没有铜生活器皿铸造和使用迹象，那么这些铸造的铜锭可能是用作货币。《尚书·尧典》中已经有用金赎罪之说，牛河梁遗址金属铸造技术遗迹为上述说法提供了强有力的证据云云。但是考古学家们是冷静的，郭大顺先生给老师苏秉琦先生写信说：这些遗物是红山文化时期的、被汉代人破坏了，还是本来就是汉代的，"放心不下"。

牛河梁遗址第十三地点曾经是一处冶铜遗址是确定无疑的了，但不属于红山文化时期。1987年考古工作者一直在做冶铜遗址的工作，打了探沟，在坩埚层之下发现人工夯土。再往下挖，在夯土2米之下发现一具人的完整骨架，结构复杂，埋葬形式奇特。1987年年底，一直关注牛河梁遗址的苏秉琦先生给郭大顺写信说："牛河梁发现的新情况，很重要。"1988年2月，北京钢铁学院介入研究，经对坩埚标本检测，证明是内燃炼法，成品是红铜，而不是熔法。这与古埃及的炼法一致。同年4月，考古工作者继续做冶铜遗址工作。1990年3月，国家文物局等对"金字塔"的报道产生疑问，是否"言过其实"？为此国家文物局给各地发了一个通知，要求考古报道要慎重。这件事情根源于《人民日报》的报道，报道说第十三地点是"金字塔性质"，后来《文物报》用词是"金字塔式"建筑，就这样一般人在观念上就认为是金字塔了。1991年，考古工作者对牛河梁遗址第十三地点继续解剖，深达7米多，分为多层。中间一层底部是夯土，约厚50厘米，出较多的红陶、彩陶片。

经过对牛河梁遗址第十三地点金字塔式建筑的多次解剖，可以说明大致情况。整体为圆丘形土石结构。台阶式，逐层高起。现存高度约7米。中央部分为土丘，以黄土、灰黑土、风化基岩土等夯实筑就。土丘夯层不规则却十分坚硬。中心直径约40米。外面用白色硅质石灰岩石块包砌。砌石外延直径60米-100米，总面积约1万平方米。

第十三地点这座金字塔式建筑位于牛河梁遗址南端，它的西侧约千米是第十六地点，东边约千米是第十四和第十五地点两处积石冢遗址，三者在一条直线上，形成牛河梁遗址群又一中轴线建筑。

从红山文化诸遗址发现过程来看，红山人一般是最后营建祭坛。完成了由祭祀祖宗祖先（积石冢、神庙），到综合祭天地、祖宗、万物的转变（祭坛）。

延伸阅读材料一：

牛河梁红山文化遗址三环石坛研究

"坛"字，古体字为"壇"，指土筑的高台，最主要的功能就是祭祀。新石器时代，筑坛祭祀发展到了一个新的阶段。目前考古发现我国新石器时代祭坛遗址已有十多处。这些祭坛都存在着一定的共性，如祭坛多建于地势较高的山丘、土墩、岗梁上，祭坛形制多为圆形、方形或方圆结合，大多祭坛及其附近区域出土了与祭祀活动有关的遗迹或遗物，所建祭坛都是经过精心设计、刻意修整的。这些共性并非出自偶然，而是由其祭坛的性质决定的，各祭坛之间蕴含着共同的祭祀习俗。

在古老的中国，远古先民们广泛信仰和崇拜太阳。在湖南省长沙马王堆1号汉墓出土了日神为伏羲、月神为女娲的帛画；在陕西华县泉护村、河南陕县庙底沟、晋西南大禹渡等遗址，发现有日鸟结合的图案，以圆圈或中间加圆点表示太阳的图案较多。除中原地区仰韶文化外，在山东同时期的彩陶中，也发现了圈内加点圆圈形太阳纹图像。中国人对太阳的祭仪延续下来，至明清时代，每逢甲、丙、戊、寅、壬年，皇帝仍然要在春分日寅时亲临日坛（又名朝日坛）朝拜太阳神。

可以推测，三环石坛的祭祀对象就是太阳。从坛体形制看，三环石坛是由立石界桩排成的正圆形的三重圆，其立石为淡红色的安山岩，各层石界桩圈稍有内收，外圆、中圆、内圆台基由外圆向中心层层高起，在内石界桩圈与封石阶台边沿间，排列一周彩陶筒形器，这应是古人直观地用立置石块和陶筒形器圈成的太阳；从地理位置看，三环石坛通过周围的天际和绵延的山头，构成了比较理想的测日出、定季节的山体轮廓参照点体系，站在此处观察对面山头某个点的日出，可以在观念上标示出春分、秋分、冬至、夏至之间的日出位置，进而以太阳升降的位置知季节，以太阳运行的方位知时间，"由此点的日出制定一个太阳年，可称为'地平历'或山头历"；从出土文物看，牛河梁第二地点四号冢2号墓出土的长约2.6厘米、高1.5厘米、厚0.2厘米的半圆形绿松石坠，石坠上有"波纹"，正如冉冉升起的太阳，其底部有"地平线"，长过太阳直径，恰似太阳一半隐在地平线下，一半在地平线上，田家沟红山文化遗址第一地点5号墓也出土了这样的绿松石坠；从遗址分布看，牛河梁红山文化第三地点和田家沟红山文化第一地点的墓葬均呈太阳圆形分布，都反映了红山文化时期人们对太阳有特殊的情感、坚定的信仰和狂热的崇拜。

我国古代的宇宙理论至少包括盖天说、浑天说和宣夜说等三种学说。在盖天学说中，三环概念是一项重要内容。赵爽在对《周髀算经》的注释中说："黄土画者，黄道也。二十八宿列焉，日月星

第五章 发现牛河梁（祭坛篇）

辰……内第一，夏至日到也；中第四，春秋分到也；外第七，冬至日到也"。这三条日道表现的四个中气，即夏至、冬至、春分和秋分，分别代表了太阳在相关时间的周日视运行轨迹。夏至日太阳运行于内环（内第一），春秋分日运行于中环（中第四），冬至日运行于外环（外第七）。三环石坛恰恰具有这个特点，"这个由立直石界桩排成的正圆形的三重圆坛，是迄今所见史前时期最完整的盖天宇宙论图解，……三个同心圆正可以理解为分别表示夏至、冬至、春分和秋分的太阳周日视运行轨迹。"

牛河梁红山文化遗址处在北纬 41°18′，东京 119°28′ 的地理位置，其夏至日出时刻为 4 点 28 分，日落时刻为 19 点 40 分，昼夜时间之比约为 15:9；冬至日出时刻为 7 点 26 分，日落时刻为 16 点 35 分，昼夜时间之比约为 9:15。可见，三环石坛图所反映出的夏至与冬至的昼夜时间长度成反比的关系，与当地天象完全吻合，具有很强的实用性。当时红山人在对太阳信仰崇拜的同时，也把与太阳的互动成果印刻在大地上。

引自王洪志主持的辽宁省经济社会发展研究课题"牛河梁遗址三重圆祭坛文化意蕴研究"（2024lsljdybkt-026）的阶段性成果。

延伸阅读材料二：

对红山文化陶筒形器的再认识

红山文化圆形冢或方形冢、圆形坛或方形坛在其边界置无盖、无底的直筒形陶器，称陶筒形器。许多陶筒形器朝向人们能观赏的一侧，外表往往绘黑彩，题材丰富，有勾连花卉纹、垂鳞纹及各种几何纹，多有"云水纹"的影子。陶筒形器存在和使用时间长，在红山文化早、中、晚期积石冢均有发现，反映了红山文化时期高度发达的文明成就，讲述了红山文化最精彩的故事。

依据中华文献、考古学原始资料和民俗学积淀，剔除猜测，明确回答陶筒形器的基本用途、社会功能，不仅关系到对陶筒形器的研究本身能否得出正确结论，而且关系到对红山文化及其他考古学文化整体面貌的科学认知，更关系到对中华文明起源的路径和特点的艰难探索不步入歧途。

一、陶筒形器的基本用途——立界

成排立置、组成一个圆界或方界，围合一个空间是陶筒形器的基本用途。如上文所述牛河梁遗址第一地点、第二地点、第五地点、第十六地点，喀左东山嘴遗址方形基址，阜新胡头沟遗址 M1 等已发掘的遗址点等陶筒形器的出土情况，陶筒形器均为冢或为墓立界。

界，一个区域的边限。立界，能区分界内界外，分出你我。汉语中有一个墉字，诠释了这种情况：陶筒形器组成了坛墠的围墙。后人用土或用石块做坛墠的围墙，红山文化则用陶筒形器来做围墙（墉）。上文已述，考古学家在红山文化的许多遗址清理出了陶筒形器围墙。甲骨文的口（音 wéi）字也表述了上述意义。墉和口字所表述的意义是否有文献根据？《周礼·春官·鬯人》记载："凡祭祀社墉用大罍。"罍，盛装精美饮料的陶器，从字面上理解，与我们说的陶筒形器不是同一种器皿。《周礼》的记载只是一个线索，"凡祭祀社墉用大罍"，用陶器，那么沿着这个线索思考，红山文化是否用陶筒形器作社墉呢？从目前考古发现来看，还没有发现"社墉用大罍"的实例，只在红山文化诸多遗址中发现了用陶筒形器做"社墉"的情况。

用陶筒形器为一个空间区域立界，其意义发生了什么变化？1973 年考古工作者在清理辽宁阜新胡头沟红山文化遗址时发现 11 个彩陶筒形器成一排直立放置石砌圆圈外侧，残缺器口上盖一至三层薄石板。有的筒形器内放置一两块河卵石。1993 年又发现了 67 件陶筒形器，每米距离间置三件。陶筒形器走向与石墙一致略呈弧形。石围圈外侧陶筒形器圈中心部位是一座墓，有多件玉器随葬。陶筒形器圈自然围合了墓葬所在的空间。应当说石围圈与墓葬有更直接的关系。石围圈与墓葬组成了一个围合空间，陶筒形器圈又围合了上述空间。重要的是"又"围合。意义是什么？陶筒形器圈为这个围合空间赋予了社的含义。

凡是红山文化遗址有陶筒形器内置或外置排列的均有这种含义。

二、陶筒形器围坛为社为基本社会功能

人类文明递进是叠加的过程，每叠加一点儿或一项均带来思想观念的重大进步，同时亦是思想观念进步的结果。人类从山洞里走出来盖成房屋，成为"有巢氏"之民，房屋围合了一个空间，若干房屋连成片，如兴隆洼文化、查海文化典型遗址，在诸多房址外围挖出壕沟，这条壕沟又围合了一个大空间。

从起源意义上讲，房屋围合的空间和壕沟围合的空间具有双重社的意义。房屋围合空间以兴隆洼文化居室葬为一典型。其中在二期聚落的大型房屋M118内发现了人与猪合葬墓。主人是一位50多岁的男性，其右侧为一雌一雄两头整猪。这种房舍、壕沟双重围合的空间，就是原始意义的"房社"和"村社"。

后来红山文化遗址用石墙围出空间，如牛河梁红山文化遗址的石坛，此种结构就是"坛社"。用陶筒形器再围合一个空间，把"坛社"升华，赋予了新的含义，具有了特殊的意义。

红山文化陶筒形器上无盖、下无底，正好植于土里，植物培育在其中，植物生长出来扎根于土地、伸向蓝天、长在阳光里。如上文所说，陶筒形器在人们观赏不到的地方不作处理，可观赏到的地方（一般是朝外的一面）则饰以彩绘，其中有许多"云水纹"。用陶筒形器置于冢坛的外围，具有"示"的意义——给人看。这种情况下坛更具有了社的性质，而且不是一般的坛社，而是植物的社，生命的社，物候的社，一言以蔽之，可称为"稷社"，与"社稷"不同

的只是两个字顺序不一样。此亦正合社之本意。《说文解字》说：
"社，地主也，从示土"。土则为生长农作物的土地。《礼记·郊特
牲》说："社祭土。"封土为社，其原初的一种形态，当为红山文化
陶筒形器的围合空间。

"房社""村社""坛社"至"稷社"是文明逐渐递进过程，用
陶筒形器围社是这一过程的高峰，把社发展到最高阶段，对一个重
大演变过程作了总结，成为国家产生的铿锵前奏，讲出了红山文化
最精彩的故事。国家产生之后"国社"代替了"坛社"和"稷社"，
社的发展进入了新阶段，但古文献用社稷和国家仍然可以表述相同
的意思。

三、陶筒形器与其培育的植物为祭物

红山文化时期是原始农业发展壮大的时期。此时期当与神农、
黄帝时期相当。"神农尝百草"，为较早的农业"科学实验"。尝百
草，一为甄别草本植物哪些可以为食物，二为考察哪些草本植物可
以入药。《大戴礼记》提到黄帝"治五气""时播百谷草木"，此时
布种百谷草木，就是原始农业了。《史记》也记载黄帝"有土德之
瑞"。红山文化农业发展壮大期与神农、黄帝时期重合，说明古文献
关于农业起源发展壮大事迹的记载，在今天有了考古学资料的支撑。
古文献把一个时期的伟大成就浓缩为一个或几个人物的业绩，正符
合了古人的思维和传述通例。

神农、黄帝时期的农业成就通过神农、黄帝的事迹表述出来，
在红山文化等考古遗址体现出来。距今8000年的兴隆洼文化遗址浮
选出了谷粒，河北磁山文化有谷物储藏，红山文化发现了蚕玉器等。
在农业发展过程中有一个对培育谷物等的极强崇拜期，培育谷物等
的实验由重要人物掌握，本身也是神圣的事业。龙文化也应运而生。
培植出的谷物等要用于祭祀，与其器皿一起要展示出来。红山文化
的陶筒形器本原上有一个确切的用途：培育谷物等植物。

墓或冢的外围置陶筒形器，用其围合一个空间，用其培育植

物，用其及其中的植物祭祀，有中国传统文献的支持。中国古代有以血、人或动物、玉器、精美饮品祭祀的传统和记载，也有用谷物祭祀的传统和记载。《礼记·郊特牲》记："唯为社事单出里，唯为社田国人毕作，唯为社丘乘共粢盛，所以报本反始也。"古人解释：粢，稷也，祭祀用谷物；稷曰明粢，在器曰盛，用以报本反始；也有人把粢解释为"六谷"。报本反始，回复到根本——吃饭是本，祖宗是始。红山文化陶筒形器当为"报本反始"的重器，其所育物，当为生长中的谷物等植物。

四、陶筒形器讲出了红山文化最精彩的故事

一种考古文化重要器物的产生，一定有其奠基物，一定催生了同质内涵的其他器物，同时为更重要器物的产生打下基础。

红山文化陶筒形器的出现有其深厚的物质和精神基础。其一，兴隆洼文化遗址 M118 房址居室葬，完成了由屋到"墓"的转变，由对"居巢"崇拜产生了"屋社"，进而产生了"墓社"。人死曰鬼，人死葬而为墓，由墓而积石为冢，为冢立石坛阶界，坛社产生了，进而为坛立置陶筒形器，以崇拜谷物等植物为主要内容的"稷社"产生了。在这一过程中，墓葬中的陶罍、玉器等为陪葬死者之物，或为敬祖之物，唯陶筒形器及其培育的植物为坛社立魂之物，为"稷社"的主要标志，高于墓葬里包括玉器在内的任何陪葬品。其二，历史文献记载黄帝作灶。灶不是一般的做饭场所，与其对应的有门道和房顶上的通气孔，在通气孔的"中霤"成为祭祀对象之后，进入所谓"家主中霤"祭祀阶段，屋社产生，这为随后的坛社打下了基础，而陶筒形器则升华坛社而为稷社。其三，陶器产生主要应饮食之需，使用之久，对其崇拜而成为祭器，陶筒形器就成了这样的承载祭祀功能的重要载体，进而催生了陶塔形器。

关于神庙中神像的地位也应当讨论。由人到鬼（人死曰鬼），由尸到神，是中国古文献明确记载的过程。其实从观念上是人造神，从形体转换上是由人（尸）到神。红山文化在一个特定阶段是重视

神庙、虔诚祭祀神像的，但当牛河梁神庙被火烧掉之后，当时的人们并没有重建（没有发现重建痕迹），之后代之而起的是坛和社。坛社在人们的心中更神圣，地位更重要了，开启了重视人生、社稷的新时代。降神重社，陶筒形器又讲出了5000年前的一则精彩故事：稷社产生了，社稷观念产生了，"谷神不死，是谓玄牝。玄牝之门，是谓天地根"（《老子·道德经》）。圣物由此育出，生生不已，五谷丰登，吾族永昌。

坛社、稷社产生时期或之后，红山文化等又产生了许多伟大成就。其一，由对生产工具石器的使用到崇拜，制造出了石钺、玉钺等象征"军事"权力的器物。其二，同样由对环境万物和物候的崇拜，产生了龙形器和龙的观念。其三，上文所说的陶塔形器产生了并用之于坛社和神庙，兼有祭品和祭祀对象二重属性，此种陶塔形器当为社的标志物。其四，由对食物的崇拜推进到用生长着的植物祭祀，陶筒形器承载了农业发达、人丁兴旺、生命绵延的特殊使命，为敬天保民思想的产生打下了基础。其五，牛河梁红山文化遗址区同时产生了标志性的社，第十三地点所谓的金字塔式建筑，按甲骨文社字原形解，活脱脱是一个"社"。

坛社、稷社及其观念的产生，是人们重视土地、重视环境、重视生存资源、重视生产生活、重视社会组织管理的反映和结果，与其同时产生的钺器及其观念、龙器及其观念、塔形器及其观念等一起开创了一个伟大的新时代，直接承接它的是完整意义的国家。由陶筒形器围合的坛社、稷社与国家之间仅仅一步之遥了。

陶筒形器是红山文化的重器，它讲述的是国家产生前夜的最精彩的故事。

本文引自雷广臻、董婕《陶筒形器——红山文化最精彩的故事》一文，原载于《理论界》2016年8期。

物中有理。在前五章叙述红山文化诸文明成就的基础上，需要对红山文化进行理性总结。

本章以苏秉琦先生关于红山文化研究的结论为依据，对红山文化进行了理性分析和概括性总结。

人们常说，红山文化是中华文明的曙光。中华文明之曙光，究竟是什么意思？本章至少诠释了苏秉琦先生关于红山文化是文明之曙光的含义。苏秉琦先生为红山文化定位，有许多格言式判断留了下来，至今仍然被众多红山文化研究者所遵循，被社会所传颂。本章把苏秉琦先生格言式判断汇总并进行了集中的诠释。诠释的主要问题有：怎样理解红山文化是中华古文化的直根系？红山文化的社会组织和礼制如何？为什么称红山文化区为中国北方玉文化中心？红山文化与黄帝时代及龙的传人有什么关联？这些人们所关心的问题，可能通过阅读本章找到答案。

红山古国 ◍ 文明曙光

红山文化坛庙冢

红山文化坛庙冢，
中华文明一象征。

参观牛河梁纪念

苏秉琦

一九八七年九月十六日

第六章　文明之曙光

　　东山嘴和牛河梁红山文化遗址的发掘成果公布于世，吸引了全球考古学界和文化爱好者的目光。以牛河梁红山文化遗址的考古材料做基础，把红山文化纳入中华文明起源这一重大实践和理论框架中进行研究和宣介成为主流。1986年7月25日，《光明日报》头版发表文章："中国文明起源问题找到了新线索，辽西发现5000年前祭坛、女神庙、积石冢群址。考古学界推断，这一重大发现不仅把中华古史的研究从黄河流域扩大到燕山以北的西辽河流域，而且将中华民族文明史提前了一千多年。"以后的研究和宣介活动一浪高过一浪。这些活动的主旨仍然是苏秉琦先生对红山文化的精准定位。

　　对一门科学，要由一位众望所归的大师来定位，而且定位语要非常精准和简洁。正如伟大的科学家爱因斯坦所说：一门科学给人们留下的印象愈深，它的前提就愈简单；涉及的事物愈多，其应用范围就愈广。苏秉琦先生定位红山文化也是如此。红山文化涉及的事物多，而苏秉琦先生等考古学家概括出的结论却简洁明了，所以能被社会各界广泛接受。

第一节　红山文化是中华古文化的直根系

苏秉琦先生说："20世纪80年代考古工作成果两大项：一是经过山西省境连接中原与北方两大文化区系（仰韶与红山）文化遗存的研究；二是辽西红山文化坛、庙、冢遗迹的新发现。"苏秉琦先生在对比中为红山文化进行了学术定位。（苏秉琦：《华人·龙的传人·中国人——考古寻根记》自序，辽宁大学出版社，1994年，第2页。）

首先，苏秉琦先生形成了红山文化是直根系的判断。苏秉琦先生把燕山南北长城地带为重心的北方（辽宁朝阳和阜新、内蒙古赤峰地区）和以晋南、关中、豫西为中心的中原两大古文化区系连接起来（简称北方、中原），从宏观视角研究得出结论：从距今5000年到距今2500年，中原与北方两大文化区系大致同步发展。北方与中原的发展又是联结互动的，相互影响、作用的，形成"Y"字形的文化带。当我们面北而立，"Y"字的左上枝伸向山西、内蒙古；"Y"字的右上枝伸向北京、河北和辽宁西部及内蒙古东南部；"Y"字的下枝连着中原。"Y"字形文化带在中国文化史上曾是一个最活跃的民族大熔炉，又是中国文化总根系中一个重要直根系。中华文化如一棵大树，有根系、有主干，根系有直根系和须根系。苏秉琦先生认为红山文化是这棵文化大树的直根系。红山文化所起的作用超过了本区域，也不限于当时，而是牵动了全局。那时，中原的仰韶文化（以玫瑰花图案彩陶盆为主要特征）的一个支系，与北方的红山文化（以包括鳞纹在内的龙形图案彩陶和刻画纹的陶瓮罐为主要特征）的一个支系，在河北省的西北部相遇，之后在辽宁大凌河上游融合在一起，产生了新的文化群体（以龙纹与花结合的图案彩陶为主要特征）。红山文化坛庙冢就是它们相遇、融合后产生的社会文化飞跃发展的迹象。另外辽西地区是宜农宜牧的交错地带，自然条件优越，多种经济互相补充造成的繁荣昌盛，"才得以发出照亮中华大地的第一道文明曙光。" [苏秉琦：象征中华的辽宁重大文化史迹，《苏秉琦文集》（三），文物出版社，2009年，第55页。]

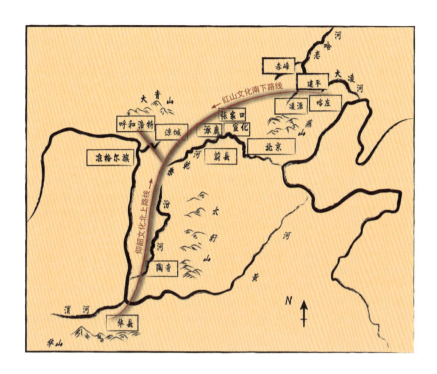

图 6-1 仰韶文化与红山文化交流关系示意图（徐兴楠 作）

　　苏秉琦先生关于红山文化研究的突破，一个重要原因是把仰韶文化与红山文化的交流放在重要位置加以考察，因而形成了红山文化是直根系的判断。红山文化所起的作用超过了本区域，牵动了古文化的全局。仰韶文化与红山文化乃至与其他考古学文化广泛交流，因而"发出照亮中华大地的第一道文明曙光"。

　　其次，苏秉琦先生形成了红山文化的根在辽西的判断。苏秉琦先生在形成红山文化是中华文化直根系判断的基础上，基于辽西红山文化的突出地位，进一步判断红山文化的根在辽西。苏秉琦先生说："远在距今5000年到3000年间，生活在大凌河上游广大地域的人们，是否曾经利用它们举行重大的仪式，即类似古人传说的

'郊''燎''禘'等祭祀活动？这是值得深入研究的。"［苏秉琦：笔谈东山嘴遗址，《苏秉琦文集》（二），文物出版社，2009年，第346页。］

苏秉琦先生坚持认为，最早的"郊""燎""禘"等祭祀活动发生在大凌河流域。郊祭，一般指郊天之祭（礼），是古代最为隆重的祭典之一。一般认为，郊天之祭既反映了古人对上天的敬畏，也反映了人们对自己来自何处的根源性追溯。燎祭，也是古代祭祀仪式之一。其主要形式是把玉帛、牺牲放在柴堆上，焚烧祭天。禘祭，同样是古代对天神、祖先的大祭。"郊""燎""禘"等祭祀仪式和活动，施行于不同历史时期，表现形式和内容也不尽相同，苏秉琦先生借这些祭典来说明红山文化的祭祀和活动，对后人研究红山文化多有启发。

上述"郊""燎""禘"等重要的祭典，可能发生于大凌河上游广大区域。大凌河是怎样的一条河？大凌河是辽宁省西部最大的河流，发源于辽宁省与河北省接壤地区，全长447公里，流域面积2.33万平方公里，大小支系纵横交错，主脉横贯辽西，流向东南、独立汇入渤海。

说到大凌河，有人说是朝阳的母亲河。其实这句话说窄了。苏秉琦先生把大凌河赞为中华的母亲河。苏先生认为，把黄河中游地区称为中华民族的摇篮并不确切。［苏秉琦：中华文明的新曙光，《苏秉琦文集》（三），文物出版社，2009年，第48页。］1979年5月，位于朝阳大凌河流域的喀左县东山嘴村发现了新石器时代祭坛遗址。苏先生研究之后说："东山嘴的祭坛，在中原那么多同时期遗址中……还没有发现过。"［苏秉琦：文化与文明——在辽宁"兴城座谈会"上的讲话，《苏秉琦文集》（三），文物出版社，2009年，第75页。］苏先生有预见性地说，要在周边地区做工作。随后在凌源和建平之间发现了牛河梁女神庙、多处积石冢群，以及一座类似城堡的方形广场的石砌围墙遗址。发现了一个如真人一般大的彩色女神头塑像，以及大小不等的成批女性裸体泥塑残块及多种动物形玉、石雕刻，特别是几种形体接近的玉雕龙。而在同期的黄河中游地区仍没有这样高规格的遗址。也就是说，大凌河流域发现的遗址在5000多年前的中国是最高等级的，是文化的源头。从这个意义上说，大凌河才是中华民族的摇篮（母亲河）。苏秉琦说："以发展顺序看，中原并不都是最早。"

辽西、大凌河流域的红山文化究竟地位如何？苏秉琦先生说："整个中华文明发展史是一部交响曲，辽西的古文明则是它的序曲，比中原要早约一千年。" [苏秉琦：论西辽河古文化——与赤峰史学工作者的谈话，《苏秉琦文集》（三），文物出版社，2009年，第226页。] 苏秉琦先生不止一次强调，"在我正写的文章中有如下一段话：'红山文化坛庙冢三种遗迹的发现，代表了我国北方地区史前文化发展的最高水平，它的社会发展阶段已向前跨进了一大步。从这里我们看到了中华五千年文明的曙光'。"苏秉琦先生坚定地认为：距今5000年左右，中华古文明出现了一个大转折。红山文化的祭坛、女神庙和积石冢群等就是大转折的证据，这些证据在哪里发现的呢？发现在大凌河上游的凌源、建平、喀左（辽宁省西部地区）。因此中华古文明的根是红山文化，红山文化的根在辽西。

苏秉琦先生认为，红山文化彩陶罐的纹饰融合了龙鳞纹（中）、花卉纹（下）和几何纹（上），显示在距今五六千年间，源于关中盆地的仰韶文化和北方的红山文化碰撞融合，产生了以龙纹和花结合的图案的彩陶，牛河梁遗址坛庙冢就是两种文化相遇迸发的"火花"所导致的社会文化飞跃发展的迹象。

图6-2　红山文化彩陶罐绘图（刘迪 作）

第二节　红山文化社会组织和礼制

红山文化的高度主要表现在哪里？主要表现在出现更高级社会组织和形成礼制两个方面。

更高一级的社会组织形式在红山文化也已经形成，这是苏秉琦先生作出的一个重要判断。苏秉琦先生不断强调，喀左东山嘴遗址是红山文化后期的祭坛遗址、牛河梁的女神庙遗址和附近积石冢群，是我国早到 5000 年前的凌驾于公社之上的高一级的组织形式，"在我国其他地区还没有发现过类似遗迹"。言下之意，只有在辽西、只有红山文化才有这样的发现。

苏秉琦先生认为，红山文化社会处于高于公社的发展阶段。"这些考古发现，说明了我国早在 5000 年前，已经产生了植基于公社、又凌驾于公社之上的高一级的社会组织形式。" [苏秉琦：中华文明的新曙光，《苏秉琦文集》（三），文物出版社，2009 年，第 48 页。] "喀左东山嘴红山文化后期的祭坛遗址、牛河梁的女神庙遗址和附近积石冢群，是我国早到 5000 年前的、反映原始公社氏族部落制发展已达到产生基于公社又凌驾于公社之上的高一级的形式，在我国其他地区还没有发现过类似遗迹……" [苏秉琦：辽西古文化古城古国——试论当前考古工作重点和大课题，《苏秉琦文集》（三），文物出版社，2009 年，第 3 页。]

在国家产生以前，血缘（婚姻）关系是重要的社会维系要素，即血缘是维系上古社会的纽带。血缘（婚姻）关系为氏族、胞族和部落联盟提供了基础，即人们以血缘（婚姻）关系结成氏族、胞族或部落联盟。氏族、胞族或部落联盟都是人类经过的重要的社会组织形式。人类进入新石器时代，随着婚姻关系进化到对偶婚阶段，部落联盟形成。部落联盟又是国家产生前的一种重要的社会组织形式。部落联盟社会组织形式之后，如果直接产生高级文明形式的国家，那么文明就产生了。但是我们看到，红山文化还未能形成现代意义或现代人理解的国家。那是一种什么组织形式呢？苏秉琦先生定义为"基于公社又凌驾于公社之上的高一级的形式"。向前走就是现代意义的国家，往后推就是部落联盟。苏秉琦先生所说的公社，就是指部落联盟。

红山文化没有形成现代意义的国家，但是因为它"凌驾于公社之上"，所以称为古国。更高一级的社会组织出现了，这一社会组织遵守什么规则呢？苏秉琦先生提出红山文化已经出现礼制。"牛河梁的庙、坛、冢是礼制建筑。"［苏秉琦：《华人·龙的传人·中国人——考古寻根记》，辽宁大学出版社，1994年，第131页。］礼制为什么重要？《礼记·乐记》说："天高地下，万物散殊，而礼制行矣。"意思是说礼是区别尊卑、确定万物秩序的。中华号称礼仪之邦，在一个很长的历史时期，中国古代社会与国家的管理方式是礼制。从某种意义上说，礼制是中华文明的核心，也是其突出特点之一。中华文明的起源与发展，从一定意义上说，是与礼制的形成和发展密切相关的。具体到红山文化，我们可以说，礼制是维系红山文化社会的根本。形成了礼制，就意味着形成了社会与国家的管理方式、管理制度。

礼，主要是形成等级、差别和秩序。相对没有等级、差别和秩序的社会，形成礼制是革命性的、根本性的社会成就。牛河梁红山文化建筑了坛、庙、冢等礼制建筑，表明红山文化社会形成了一套维系等级、尊卑和秩序的社会制度。

具体地说，牛河梁的坛、庙、冢等体现出的是怎样的礼制呢？众所周知，牛河梁坛、庙、冢是距今5000年前产生在红山文化区域的一处高规格的体现礼制的祭祀中心。

女神庙在庙宇里供奉人神和动物神。人神塑像是一个群体，分真人大小、真人二倍大小、真人三倍大小三种规格，从神像大小本身就区分了等级。人神中"女神"的地位更高，高到什么程度？不仅是红山人的女祖，而且是中华民族的共祖。

积石冢也体现人的尊卑、等级。积石冢建在特殊选择的岗丘上，用于埋葬一些特殊人物，意味着普通社会成员是不能配享的。即积石冢墓葬的主人是地位尊崇者，体现出等级差别。甚至有一人独尊的现象。随葬物品（陶器和玉器）也出现了较大的差别。

红山文化在设庙为祭、设冢为祭之后，设坛为祭。将方坛或圆坛建在墓侧，或冢坛合一（牛河梁第二地点二号冢1号墓）。从冢坛合一现象来看，坛最初还是与祭祀祖先相关的建筑，后来延伸出新的意义，不仅祭祀祖先，而且祭祀天地万物。这里体现了规划社会秩序的一面。而从设置祭坛来祭祀社会上层人物的另一面来看，也体现出了红山文化区分等级方面的礼制，也是社会出现明显等级分化的反映。

北京大学严文明先生曾指出："牛河梁是一处红山文化的宗教圣地和贵族坟山。这些贵族应该是已具有崇高社会地位，掌握相当政治权力和宗教权力的人物，离真正的国王大概也只有一步之遥了。"[严文明：中国王墓的出现，《考古与文物》，1996（1）。]

牛河梁女神像（**赵成文** 作）

草帽山男神像（**刘迪** 作）

兴隆沟陶人像（**刘迪** 作）　　　　夏王启像（**陈灵美** 作）

图 6-3　首领人物组图

随着社会组织形式的发展和进步，强有力的社会组织者或首领出现了。红山女神是红山人按照真人塑造的女祖先，被供奉在神庙中，得到各个部落、部落集团的集体祭祀。草帽山和兴隆沟发现的红山文化人物塑像头顶戴冠，表情庄严，显然是社会中的上层贵族或首领形象。发展到夏代，启通过武力征伐伯益，将其击败后继位，成为中国历史上由"禅让制"变为"世袭制"的第一人，宣告原始社会结束，开始了奴隶社会。启成为中国历史上的第一个帝王。

红山文化不仅祭祀祖先，而且祭祀天地万物，这是红山文化研究的共识。但是怎样用中国传统文化已有的路径把红山文化祭祀与中国社稷、礼制以及国家文明的起源联系起来，还是未完全解开的课题。

红山文化更高一级的社会组织出现，需要相应的社会规则与之相适应，红山文化的礼制就是为了适应更高一级社会组织而产生的，因此意义重大。

第三节　中国北方玉文化中心

红山文化为我国史前时代两个玉文化中心之一。"红山文化和良渚文化是我国史前时代两个玉文化中心，对其他地区产生过不同程度的影响。"

史前时代，一般是指人类社会无文字记载的时期。中国史前时代一般是指旧石器时代和新石器时代。红山文化为新石器时代的考古学文化，处于史前时代。浙江的良渚文化也处于史前时代。苏秉琦先生不止一次明确强调：东山嘴、牛河梁遗址考古新发现"明确无误地属于一向认为是新石器时代，大致和中原仰韶文化相对应的一种分布在燕山南北、长城地带的红山文化的遗存，而在仰韶文化大量遗址中却还从未发现过类似的遗迹。" [苏秉琦：中华文明的新曙光，《苏秉琦文集》（三），文物出版社，2009 年，第 48 页。]

玉器为红山文化这一考古学文化的一大特色。红山文化玉器是在墓葬或积石冢发现的，按规律被放置在死者身体之上。比如牛河梁红山文化第二地点一号冢 4 号墓，死者为成年男性，随葬有 1 件玉箍形器、2 件玉雕龙；牛河梁红山文化第十六地点中心大墓，随葬有 1 件玉凤、1 件玉人、1 件玉镯、1 件玉箍形器，另出绿松石坠饰 2 件；牛河梁红山文化第五地点中心大墓，随葬有 7 件玉器，头两侧各置 1 件玉璧、右胸侧置 1 件勾云形玉佩、1 件玉箍，右腕套 1 件玉镯，两手各握 1 件玉鳖。

据统计，牛河梁红山文化遗址共发掘墓葬 61 座，有随葬品的墓葬 31 座，其中只随葬玉器的 26 座，占有随葬品墓葬的 83.9%。阜新市胡头沟遗址、赤峰市巴林右旗那斯台遗址也有随葬玉器发现。

红山文化并不是为所有死者都随葬玉器，死后随葬玉器的只是少数人；死后随葬玉器的少数人中，随葬玉器的数量也有多少之分。

红山文化为什么要为少数死者富葬玉器呢？许慎说："玉，石之美者。"古代玉器加工过程非常艰难，红山人耗费心力、气力加工玉器，以美玉厚待少数死者，也是当时社会的礼制内容之一。

牛河梁红山文化玉器雕琢技术含量高，文化内涵丰富。制玉手法，主要有圆雕、浮雕、镂空、钻孔等，有时两种或多种技法结合运用。其中切片、琢平、打洼起高、管钻等技术，代表了那个时代的最高水平，显示了红山文化的进步性，也体现了玉器在中华文化与文明起源中的地位和作用。

因为红山文化出土玉器数量多、玉器选料精、加工工艺高超，向外影响了东北亚等较广阔的地区，而且影响了商周及以后的中国玉文化，所以被称为中国玉文化中心之一、中国北方乃至东北亚地区的玉文化中心。

第四节　中华文明新曙光

红山文化的主要成就被归纳为坛庙冢等，红山文化坛庙冢这三种遗迹，在中国大地首次发现且仅见，开中国坛、庙、陵（冢）祖制之先河。苏秉琦先生深入挖掘红山文化坛庙冢的内涵，提出了红山文化是中华文明新曙光的判断。

苏秉琦先生认为，中国传统文化中的坛、庙、陵，其最早的形制来源于红山文化，来源于东山嘴和牛河梁红山文化遗址。

发现牛河梁遗址后，苏秉琦先生在中华五千年文明起源观点的基础上，将祭坛、女神庙和积石冢与中国古代建筑联系起来加以论述："坛的平面图前部像北京天坛的圜丘，后部像北京天坛的祈年殿方基；庙的彩塑神像的眼球使用玉石质镶填与我国传统彩塑技法一致；冢的结构与后世帝王陵墓相似；龙与花的结合会使人自然联想到我们今天的自称'华人'和'龙的传人'。发生在距今 5000 年前或五六千年间的历史转折，它的光芒所披之广，延续时间之长是个奇迹。"［苏秉琦：象征中华的辽宁重大文化史迹，《苏秉琦文集》（三），文物出版社，2009 年，第 55 页。］苏秉琦先生联想、对比的要点在于指明：红山文化坛、庙、冢的结构与功能对中国后世的礼仪建筑产生了巨大的影响，其影响的范围之大、延续之久难能可贵，是一个奇迹。

图 6-4 牛河梁三重圆坛与北京天坛圜丘绘图 （**丁佳倩** 作）

牛河梁遗址第二地点三号祭坛是中国建筑史上目前已知最早的三重圆坛式建筑，是明清时期的天坛圜丘、祈年殿等三重圆形建筑的鼻祖。

苏秉琦先生的探讨没有停步，他进一步挖掘坛庙冢三种遗迹的内涵并进行高度抽象概括，提出红山文化为中华文明新曙光的概念。

1985 年 11 月上旬，苏秉琦先生在山西侯马谈晋文化研究时提出：“红山文化坛庙冢三种遗迹的发现，代表了我国北方地区史前文化发展的最高水平，它的社会发展阶段已向前跨进了一大步。从这里我们看到了中华五千年文明的曙光。’” [苏秉琦：晋文化问题——在“晋文化研究会”上的发言，《苏秉琦文集》（三），文物出版社，2009 年，第 8 页。]

我国北方地区史前文化发展的最高水平由红山文化坛庙冢来代表，这三种遗迹表明红山文化社会发展阶段“已向前跨进了一大步。”这一大步跨进了更高一级的社会组织形式，出现了与新阶段社会组织形式相适应的礼制。中华五千年文明的曙光，是从这里看到的，是从红山文化的代表性遗迹看到的，是从中国北方看到的。

苏秉琦先生还说：“我们不得不认真考虑，辽宁朝阳发现的这一组红山文化后期的遗物、遗址群，是否反映了氏族社会的解体或开始解体，以及是否传达了文明的曙光或讯息。” [苏秉琦：纪念仰韶村遗址发现六十五周年 (代序言)，《苏秉琦文集》（三），文物出版社，2009年，第46页。] 考古学界的雄鹰苏秉琦先生，经过反复考虑，又提出再"认真考虑"。考虑辽宁朝阳红山文化遗址、遗物的一系列发现，是否反映了氏族社会已经解体或开始解体？是否传达了文明的曙光或讯息？苏秉琦先生的反问加重了问题的分量，实际上他已经有了肯定的答案：红山文化表明，原始社会已经解体或者已经开始解体，国家、文明已经开启了。后来苏秉琦先生将牛河梁红山文化遗址定位为"古国"阶段。（详见下一章）

　　1987年，苏秉琦先生考察牛河梁遗址。住在牛耳河畔、亚洲最大的人工松林中的工作站，听着阵阵松涛，看着珍贵的文物，听到关于遗址的新事和往事，看着一个个熟悉的面孔，苏秉琦先生非常高兴，他踌躇满志，意气风发，欣然为牛河梁遗址题词："红山文化坛庙冢，中华文明一象征"。这个题词的重要意义是直接把红山文化坛庙冢与中华文明连接在一起，而且明示红山文化的坛庙冢巨型礼仪建筑群是中华文明起源的重要象征。

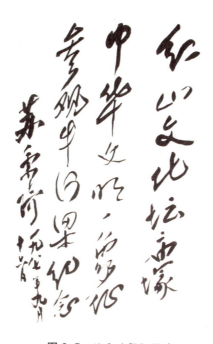

图6-5　苏秉琦题词照片

　　苏秉琦先生专门解释中华文明新曙光概念的含义。他设问：文明史提前 1000 年是怎么回事？在苏秉琦先生的字典里，文明史提前 1000 年是指从中国的夏朝（大约距今 4000 年）提前到红山文化最后阶段（大约距今 5000 年）。从红山文化的下限（大约距今 5000 年）到夏朝建立（大约距今 4000 年），这中间有 1000 年。苏秉琦先生感叹：通常人们说，中国同古巴比伦、古埃及和古印度一样，是具有 5000 年历史的文明古国。文明古国就要符合文明的标准了，但是在东山嘴、牛河梁遗址考古新发现之前，古代中国这一文明古国却没有直接证据。从考古学角度看，中华文明史比人家少了 1000 年。东山嘴、牛河梁遗址的考古新发现，找到了中华 5000 年文明的证据，找到了灿烂的中华文明自己的个性、风格和特征的"自己的渊源"。

　　为了解释中华文明新曙光概念，苏秉琦先生主张要澄清文化史和文明史两个概念，清晰地明确了二者的不同。苏秉琦先生说：文化史要早，可以上溯到 100 多万年前；"而文明史则是社会发展到较高阶段和具有较高水平文化的历史。"人们为文明设置了标准（通常文化没有这些标准）。文明是人类文化和社会发展的一个高级阶段。这一高级阶段，社会生产不断发展，精神生活不断丰富，社会分工和分化加剧，出现了等级和阶层，产生了较有控制力的社会组织资源等。也有学者明确提出了文明的标准，主要有金属、文字、城市和社会组织力等，还有学者提出了另外的标准，均是指文明表现出来的状态。

　　中华文明的新曙光是怎样发现的？苏秉琦先生如数家珍。1979 年 5 月，辽宁省开展文物普查试点，在喀左县东山嘴村发现了东山嘴红山文化遗址。这一发现启发考古人员在邻近地方寻找其他相关遗迹。几年之后，在相距几十公里的建平、凌源两县交界处的牛河梁相继发现了一座女神庙、多处积石冢群、一座方形广场（山台）的石砌围墙遗址，发现了一个如真人一般大的彩色女神头像，以及大小不等、年龄不同的成批女性裸体泥塑残块及多种动物形玉、石雕刻，特别是还有几种形体不同的"玉猪龙"。这些考古发现，说明了我国早在5000年前，已经产生了植基于公社、又凌驾于公社之上的高一级的社会组织形式。在我国其他地区还没有发现相应时间的类似遗迹群。

图6-6　牛河梁遗址坛庙冢示意图（**丁佳倩** 作）

苏秉琦先生反复讲红山文化，讲红山文化的重要遗迹，目的就是为中华文明的新曙光判断提供更多的证据。

第五节　黄帝时代与龙的传人

红山文化与上古以黄帝为始祖的五帝时代有没有关联？这是红山文化研究中的一个反复被提出的重要课题。

苏秉琦先生说："《史记·五帝本纪》中所记黄帝时代的活动中心，只有红山文化时空框架可与之相应。"[苏秉琦：《华人·龙的传人·中国人——考古寻根记》，辽宁大学出版社，第130页。] 开宗明义，提出红山文化与黄帝时代相关。

关于人文始祖黄帝，上古文献《大戴礼记》《史记》等记载很多。后来文献的追述更多。近代以来，否定黄帝存在的人也出现了，曾让"拿证据来"。我国考古活动迅速开展起来，拿出许多证据。对红山文化玉器进行检视，会发现一个十分有意义的情况：中国古文献记载的黄帝图腾（熊、龙、神龟、云、鸟等），红山文化均有玉器与之对应。在中国著名新石器时代史前文化中，只有红山文化玉器与黄帝文化有这么多的契合。文献记载，黄帝的主干图腾有五个。一说熊，二说龙，三说神龟，四说云，五说鸟。红山文化出土了熊、龙、龟、云（形）、鸟等玉器。

探讨红山文化与黄帝文化的关联，在使用考古学证据上发生了分歧。新问题是已有的考古学证据怎么与文献记载相互印证与对应？苏秉琦先生早年认定黄帝文化与仰韶文化对应，当发现东山嘴、牛河梁红山文化遗址之后，苏秉琦先生坚定地认定"红山文化的时空框架，只有黄帝文化与之相应"。郭大顺先生也认为"黄帝族本是燕山土生土长的一个部族"，对应的考古学文化为红山文化（《追寻五帝》）。苏秉琦先生和郭大顺先生的相互印证与对应见解，与许多文史前辈的推论相合。

郭沫若先生考证，黄帝原本是北方戎狄人的祖先，由于他战胜了蚩尤（古夷人首领）、炎帝（古羌人首领），故被尊为中华民族的祖先（《中国史稿》第一册）。著名考古学家李济说过："中国人应多注意北方。忽略了历史的北方，我们民族及文化的原始，仍沉没在'漆黑一团'的混沌境界……那里有我们更老的老家。"（《李济考古学论文选集》）苏秉琦先生、郭大顺先生之后有更多的学者认定红山文化与黄帝文化可以相印证和对应。比如，许倬云明确指出，红山文化与黄帝文化相合，"炎黄与蚩尤的三角竞争，毋宁正是仰韶、红山、大汶口三个北方文化之间的冲突与接触"。（《万古江河》）

把黄帝文化的时空框架实事求是地放大到相关诸考古学遗迹范

围内，就应当承认，中国境内各考古学文化都含有黄帝文化因素，而红山文化所含的黄帝文化因素更多一些。苏秉琦先生1991年在《重建中国古史的远古时代》一文说："五帝时代究竟相当于考古学上的哪个时代，现在虽然无法认定，但也不是毫无边际。"同年在《关于重建中国古史的思考》一文中又说："考古发现已日渐清晰地揭示出古史传说中'五帝'活动的背景，为复原传说时代的历史提供了条件。"红山文化在这一方面做出了重要贡献。

图6-7 黄帝像绘图（**陈灵美** 作）

　　黄帝，中国古代部落联盟首领，五帝之首。《史记·五帝本纪》："黄帝者，少典之子，姓公孙，名曰轩辕。生而神灵，弱而能言，幼而徇齐，长而敦敏，成而聪明。"黄帝被尊祀为中华民族的"人文初祖"。

　　与黄帝文化相关的另一重要问题是龙文化、龙的传人的问题。同样是苏秉琦先生把龙文化与红山文化紧密联系在一起。

　　红山文化有诸多玉龙被发现。苏秉琦先生为"龙的传人"找到源头。在红山文化后期，在牛河梁红山文化遗址的晚期墓葬中发现了玉龙。这样的墓葬一是在牛河梁红山文化遗址第二地点一号冢第4号墓（见图4-16、图4-17），一是在牛河梁红山文化遗址第十六地点第 14 号墓（见图 4-14）。第二地点一号冢第 4 号墓出土玉龙 2 件。这座墓叠压在单一墓出土玉器最多的 21 号墓之上。墓主 35 岁左右男性，右侧顶骨有砍痕。这一男性墓主仰身直肢，两腿膝部相叠压，左腿在上，下肢呈"交"字状。一件玉龙出土于墓主胸部右侧，淡绿色，光泽圆润。另一件玉龙出土于墓主胸部左侧，白色蛇纹岩质，与上述那件玉龙相近，仅体较小，头尾未完全切断。牛河梁红山文化遗址第十六地点第 14 号墓出土玉龙一件，为 30-35 岁女性二次叠骨葬，人体各部位骨骼基本不缺，玉龙出土于头骨东侧下，淡绿色玉质，有光泽，体卷曲如椭圆形，首尾切断，玉龙缺口方向与墓主人头骨方向相反。

红山文化玉蛇龙的发现，展示了龙的又一形象。2011 年 5 月底，辽宁省文物考古研究所在凌源市田家沟红山文化遗址第四地点墓地的发掘过程中，发现了重要墓葬 3 座，出土精美玉器 5 件。其中的 9 号墓为单人仰身直肢葬，墓主右耳部随葬蛇形玉坠 1 件。玉蛇头部有嘴、有眼、有可悬戴的孔。上古奇书《山海经》中有诸神戴蛇、珥蛇、践蛇的记载，结合红山文化区最新考古发现解释，可知诸神所戴、所珥、所践之蛇均为人造之物——玉蛇，而非真蛇。

图 6-8 田家沟红山文化遗址出土蛇形玉坠绘图（刘迪 作）

红山文化蛇形玉坠，出土于田家沟遗址第四地点 9 号墓，位于墓主人的右耳下，鸡骨白色。扁长吻，口闭合，通体较光滑。

根据红山文化玉龙等（包括龙鳞纹陶器）的发现，苏秉琦先生认为红山文化就是龙的文化。苏秉琦先生分析，中国古文化有两个重要区系，一个是源于渭河流域的仰韶文化，一个是源于大凌河流域的红山文化。为此，苏秉琦先生作考古寻根记，题目为《华人·龙的传人·中国人》。华人与仰韶文化对应，龙的传人与红山文化对应。认为大凌河流域的红山文化是龙的文化（龙的传人），主要目的是从红山文化为龙的传人寻根、寻祖。最后，华人和龙的传人都是中国人。

红山文化与中国传统的龙文化密切相关，这是毫无疑问的，那么红山文化之后呢？怎样由龙文化成为龙的传人的？先对一个很有趣的现象进行分析：为甲骨文的龙字寻根，即为甲骨文寻找龙字的祖型。

把牛河梁红山文化遗址出土的玉龙 ，与甲骨文的龙字 摆在一起，人们不会怀疑甲骨文的龙字是对红山文化玉龙的摹写。古文献，尤其是《山海经》记载了许多异形人或异形动物。这些异形人和异形动物是人们在思维和行为上对不同动物进行组合的产物。古人不仅想象出了异形人、异形动物，而且用石器（包括玉器）、陶器、木器等创造出了异形人、异形动物，如东山嘴遗址出土的红山文化玉器璜（玉龙的一种）。正是组合思维产生了龙的观念和龙的实象。红山文化玉器，尤其是异形玉器，深究起来都可以视为龙。天地间包括人在内的一切事物的精华组合在一起就是龙，展开就是包括人在内的万物。上古文献所记，考古文物（主要是玉器）所示，上古人类思维从异物相组、相合，到抽象出万物集合之龙，是红山文化本身在探索中的伟大进步。

红山文化龙文化进入了甲骨文，从而融入了中国传统文化，这样龙文化与龙的传人便有了更远的根——5000 年前红山文化之根。

延伸阅读材料一：

苏秉琦先生在《中国文明起源新探》中指出："20世纪的70年代至80年代是中国考古发展走向成熟的转折期。我们经过60年的摸索和解悟，终于找到了一条有中国特色的考古学发展道路，一个带根本性的科学理论，这就是中国考古学文化区系类型学说。'区'是块块，'系'是条条，类型是分支。"依据这一理论，他将全国现今人口分布密集的地区考古学文化分为六大区系——以燕山南北长城地带为重心的北方；以山东为中心的东方；以关中（陕西）晋南、豫西为中心的中原；以环太湖为中心的东南部；以环洞庭湖与四川盆地为中心的西南部；以鄱阳湖——珠江三角洲一线为中轴的南方。六大地区各有自己的文化渊源、特点和发展道路，既有区别，也有联系。

在考古学文化区系类型学理论的指导下，考古实践取得了重大成果。

苏秉琦先生创立的中国考古学文化区系类型学打破了把汉族历史看作正史的"中华大一统观"，打破了把社会发展史看作唯一的全部的社会发展史观。使考古学从史学中独立出来，用考古学的方法论来寻找地下实物材料，以考古的历史文化资料证史、补史、修史。

到了20世纪80年代中期，苏先生除了继续对全国各地建设本地区古文化谱系给予指导外，已把主要精力投入到中华文明探源的研究。1985年10月在辽宁兴城座谈会上，提出了"辽西古文化古城古国"的文明起源的概念。"古文化古城古国"的特定含义："古文化是指原始文化，古城是指城市最初分化意义上的城和镇，古国指高于部落之上的稳定的、独立的政治实体。"依据这一概念研究牛河梁遗址，他明确指出："红山文化坛、庙、冢三种遗址的发现，代表了我国北方地区史前文化发展的最高水平，它的社会发展阶段已向前跨进了一大步，从这里我们看到了中华五千年文明的曙光。"

"这一发现把中华文明史提前了1000年"。进而总结出"古文化古城古国"的历程就是"从氏族公社向国家转变的典型道路"。这就是文明起源的"三历程"理论。

苏先生又经过十几年的研究和思索，认为"坛、庙、冢"的出现已进入"古国"阶段，至夏家店下层文化已进入"统辖了多个'古国'而独霸一方的'方国'阶段，经春秋、战国到秦统一，中国社会进入'帝国'阶段，古国—方国—帝国这就是国家形态的三部曲"。

在提出"三部曲"理论后的两三年，苏先生又提出了"北方原生型"即中国大地上最早发生的文明；"中原次生型"即中原文化与来自各方文化的融合而产生的起点更高、基础更广的文明；北方草原"续生型"即辽、金、元、清之北方民族，其在各自发生的古国、方国、帝国过程的基础上，又因为汉族文明的影响而走了一条国家形成的捷径。

这就是苏先生经过一生的考古实践和研究所提出的中华文明起源、中国国家形成的"三历程""三部曲""三模式"理论。这一理论和考古实践解决了诸多问题，用这一理论来指导中华文明探源，提出了文明起源不同于西方的文明起源，有自己的发展脉络，是"满天星斗"。中国文化和中华文明既是"自我一系"的又是"多元一统"的。

辽西的红山文化、江浙的良渚文化、晋南的陶寺文化、山东的大汶口文化、岭南的石峡文化，都有自己的发展道路，都产生了文明的火花。这些不同领域的文明汇聚中原，融合成"多元一统"的中华文明，证实了一个时代——三皇五帝传说时代，确有其人、其事。黄帝、炎帝、蚩尤"阪泉之战""涿鹿之战""逐鹿中原"等大事件与考古发现的华山脚下玫瑰花图案彩陶、辽西龙鳞纹图案彩陶在河北桑干河相遇而产生了两者相融合的文化，从而迸发出文明的火花相吻合，证明了三皇五帝时代正是中国文明初曙的时代，重建了中国史前史。国外学者承认中国的文明史从夏商算起，只有4000年，而牛河梁遗址的发现以无可辩驳的考古事实，把中华文明史提前了1000年。中国是四大文明古国之一，当之无愧。其意义如苏先生在《关于重建中国史前史的思考》中指出："中国文明之所以独具特色，丰富多彩、连绵不断，中华民族之所以能够形成一个统一的多民族国家并在数千年来始终屹立在世界东方，都与中国文化的传统、中国文明的多源性有密切关系，同世界上其他文明古国的发展模式不同。多源一统格局铸就了中华民族经久不衰的生命力。"

本文引自孟昭凯《高举苏秉琦先生考古理论的旗帜》一文，原载于《苏秉琦先生百年诞辰纪念文集》，科学出版社，2012年。

延伸阅读材料二：

对红山文化玉器进行检视，会发现一个十分有意义的情况：中国古文献记载的黄帝图腾（熊、龙、神龟、云、鸟等），红山文化均有玉器与之对应。在中国著名新石器时代史前文化中，只有红山文化（主要是玉器）与黄帝文化有这么多的契合。

还是要从图腾说起。文化人类学家认为，图腾最初来源于人的姓名，如原始人们把儿童叫作牛、马、熊、龟、虎、蛇、鹰等，首领们也常有这种名称。死后被尊为英雄进而敬为神灵，所用动物名不变。这些首领有的被追认为部落开祖，时间久远了，后来的人们逐渐忘记了其开祖的真人性质，而只记得他的动物名，甚至会与实际的动物相混淆，于是竟自信是该动物的后裔，尊该动物为祖先，并以烦琐的仪式崇拜他。用植物和自然现象为图腾的情形也是如此。

由图腾说起，我们还知道，在原始社会时期，部族名、部族首领的名称以及这个部族的保护神（图腾）三者常用同一个名称，如

"黄帝"，他既是当时一个部族（大社会联合体）名称，亦是该部族的保护神与首领的名字。

文献记载，黄帝的主要图腾有五个，一说熊，二说龙，三说神龟，四说云，五说鸟。

关于熊。《史记·五帝本纪》说："黄帝者，少典之子，姓公孙，名轩辕。"又云："故黄帝为有熊。"《史记》集解引谯周曰："黄帝，有熊国君，少典之子也。"班固《白虎通义·号章篇》也说："黄帝有天下，号曰有熊。"故黄帝部落的图腾当为"有熊"，即熊。另据文献记载，黄帝为姬姓。姬字从女从臣，而商周青铜器铭文中的臣字实际上当为熊的竖立形象，所以姬字最早为熊的形象。

在红山文化遗址中发现了熊龙。牛河梁红山文化第二地点一号冢第4号墓，葬者为成年男性，随葬品有玉箍1件，玉（熊）龙2件。另外在牛河梁红山文化遗址女神庙发现了熊的下颚和泥塑熊掌。还发现了双熊头三孔玉器，也就是《山海经》讲的"并封"一类玉器。

关于龙。《淮南子·天文训》说："中央土也，其帝黄帝，其佐后土，执绳而治四方，其神为镇星，其兽黄龙，其音宫，其日戊己。"《史记·天官书》说："轩辕，黄龙体。"《史记·封禅书》又说："黄帝采首山铜，铸鼎于荆山下。鼎既成，有龙垂胡髯下迎黄帝。黄帝上骑，群臣后宫从上者七十余人，龙乃上去。"按有些学者的理解，这里说的是黄帝的图腾祖先龙来接其子裔黄帝等回归祖籍天庭，所以黄帝族的图腾是龙。闻一多先生考证认为，上古姬通女又通巳，而巳即是大蛇，这种大蛇又被人们称作龙，被黄帝部落奉为图腾。按《国语·晋语四》说法："昔少典娶有蟜氏，生黄帝炎帝。"则黄帝母方为有蟜氏。《说文解字》说："蟜，蟲也，从虫，乔声。"段玉裁注："虫，各本作蟲，今正。虫者，它也。虹似它，故字从虫。"它，即蛇，故蟜为龙、蛇类。"蟜"字从虫、从乔，意即大蛇（龙），所以黄帝为龙（蛇）之后，奉龙为图腾。按《史记·

补三皇本纪》，有蟜氏又名女登，为有娲氏之女。有娲氏即女娲，而女娲为龙蛇之身。故黄帝当以龙为图腾。《山海经·海外西经》也说："轩辕之国在此穷山之际，其不寿者八百岁，在女子国北，人面蛇身，尾交首上。穷山在其北，不敢西射，畏轩辕之丘。在轩辕国北，其丘方，四蛇相绕。"袁轲先生注曰："此言轩辕国人人面蛇身，固是神子之态，推而言之，古传黄帝或亦当作此形貌矣。"

众所周知，北方考古学文化中的蛇龙形玉器，从兴隆洼、查海的玉玦，到红山文化的 C 形玉龙、玦形玉龙，已经形成了一个系列。

关于神龟。商代铜器上有龟形纹朝拜人形纹图样，学者释为"天鼋"，为文字或族徽（图腾）。郭沫若释天鼋为轩辕（黄帝），即肯定了神龟是黄帝族的原始图腾。《国语·周语下》说"我姬氏出自天鼋"，犹言出自黄帝。由此，学者认为黄帝族的图腾为天鼋，即神龟。

在牛河梁第五地点一号冢第 1 号墓中出土了神龟（鳖）玉器。另在第二地点一号冢第 21 号墓出土了玉龟壳。阜新胡头沟遗址也发现了 2 件玉龟。

关于云。《周易》乾卦《文言》说："云从龙，风从虎。"而甲骨文、金文中的"云"字多像龙、蛇一类无足曲体动物形象。《竹书纪年》说：黄帝时有"景云见。以云纪官，有景云之瑞。"又说："轩辕黄帝氏……有大蝼如羊，大螾如虹，帝以土气胜，遂以土德王。"黄帝氏可能以云为图腾。

红山文化的勾云形玉器，一部分造型可能与云有关。如勾云形玉器。

关于鸟。黄帝部族可能以鸟为图腾。《竹书纪年》说：黄帝"二十年。……有凤凰集。不食生虫。不履生草。或止帝之东园。或巢于阿阁。或鸣于庭。其雄自歌。其雌自舞。麒麟在囿。神鸟来仪。……五十年秋七月庚申。凤鸟至。……则凤凰居之。……则凤凰去之。今凤凰翔于东郊而乐之。其鸣音中夷则。与天相副。"《大荒北经》

载："有儋耳之国，任姓，禺号子。"又载："北海之渚中，有神，人面鸟身……名曰禺强。"《国语·晋语》云黄帝之子十二姓中，黄帝之后有"人面鸟身者"。以上文献记载了黄帝族可能以鸟为图腾。

在牛河梁第十六地点4号墓中，发现了玉鸟。在红山文化的其他重要遗址中，也发现了形象生动的石鸟和玉鸟。

黄帝图腾，熊、龙、神龟、云、鸟诸说之外，还有其他说法。这说明黄帝族多来源、多图腾。

在中国著名新石器时代史前文化中，红山文化玉器与黄帝文化的种种契合关系，是偶然的巧合？还是具有必然的联系？这种种对应关系是否会展示出许多我们目前还未完全知晓的史前历史的真实的联系？是否会进一步推进考古学、古玉学与历史学、古文献学的结合，真正揭示红山文化的性质及其所蕴含的真实信息？这是需要研究者高度重视的。

本文引自雷广臻《红山文化玉器蕴藏着黄帝及龙凤文化信息》一文，原载于《朝阳牛河梁红山文化国际论坛文集·古玉今韵》，中国文史出版社，2008年。

如果用一句最简洁的学术性的词语来概括红山文化，那该用什么？一言以蔽之——"红山古国"。红山古国是红山文化"金字塔"的"塔尖"。进入红山文化"金字塔"，一定要攀登"塔尖"。

　　对于红山古国，苏秉琦先生有精到的见解和论述。展开本章阅读这部分关于红山文化"塔尖"的内容将会是十分有趣和十分有意义的事情。

　　作为宝贵的人类文化遗产，红山文化"申遗"为世人所期盼，本章列举了这方面的内容。

　　红山文化"红"遍中华，红山古国立于世界东方，红山文化是中华五千年文明的象征、中华大家庭的宝贵财富，红山文化的发现、研究、宣传、展示和弘扬等活动方兴未艾。人们期盼红山文化更"红"、中华文明的曙光更亮！

　　阅读本章，放飞您的思想！

第七章　红山古国立于世界东方

红山古国

文明曙光

第七章 红山古国立于世界东方

红山文化影响深远，研究者和关注者较多。对红山文化有许多精到的评价传世，许多人耳熟能详。而对红山文化最高层级的概括、最经典的判断，则是苏秉琦先生作出的"古国"这一概念。

我们用六章的篇幅，以苏秉琦先生关注、研究、指导、提升红山文化以及卓有成效的工作和高屋建瓴的阐释为线索，介绍了红山文化，从东山嘴、牛河梁红山文化遗址的发现，到下层积石冢、女神庙、上层积石冢和祭坛的营建，再到苏秉琦先生对红山文化总的论述，到本章开始对红山古国进行阐释。全书七章内容，形成了红山文化的总的文化体系和理论框架。一言以蔽之，牵动和贯穿红山文化体系和框架的总纲是红山古国。"古国"二字响亮地亮出了红山文化的身份和价值。

这里借用实验生理学奠基人克劳德·伯纳德说过的一句话：科学和从事科学的人是全球性的。科学是否能在地球上的每个角落得以发展，这似乎并不重要，重要的是科学的广泛传播能使全人类共同享有它。

同理，红山文化虽然不能在地球上的每个角落被人所知，并且得以发展和弘扬，但从事红山文化研究的人们和他们所做的事业却是全球性的，而且能得到广泛传播且能够使全人类共同享有它。

第一节　红山古国

红山文化古国是怎样提起的呢？还是离不开苏秉琦先生。苏秉琦先生说："红山文化时期是古国的开始。"（苏秉琦：《华人·龙的传人·中国人——考古寻根记》，辽宁大学出版社，第 131 页。）"古国的开始"，文明的肇始，中华古国的开端。

什么是古国？苏秉琦先生理解的古国是与古文化、古城相联系的。这里涉及"古文化"和"古城"两个概念，要弄清楚。古文化是指原始文化，有了人类及其创造性活动就有了古文化。古文化是人类累积的文明成果，如用火文化、筑屋文化、丧葬文化、制陶文化、攻玉文化、祭祀文化等等，反映了古人的生产、生活、生育和生灵（四生）的进步情况。古城指城乡最初分化意义上的城和镇，即初始的城市，而不必专指特定含义的城市（如现代城市）。古国与古文化、古城相联系，指高于部落之上的、稳定的、独立的政治实体，即形成了高于部落联盟的社会组织形式（详见第六章第二节）。"部落之上的、稳定的、独立的"这三个定语很重要。"部落之上的"，是指以部落联盟为基础，而且超过了部落联盟阶段，与文明国家仅剩最后一步距离了；"稳定的"，是指长期的、持续存在的社会组织；"独立的"，是指不是借助他方力量的，即不是外力植入的，而是由自己的内在因素构成的社会组织，且长期、稳定地独立存在。

红山文化古国的范围，主要包括今辽宁朝阳市、阜新市、锦州市，内蒙古赤峰市、锡林郭勒盟和河北省承德市等地区。

红山古国的古人是什么情况？我们要从死者的情况推断当时红山先民的情况。利用肢骨的最大长度推算，各部位肢骨乘以一个系数，得出近似值。男性平均身高 165.64 厘米，女性平均身高161.93

厘米。红山人存在人骨变形现象，主要是枕部人工变形，使枕部扁平畸形，形成扁头。在牛河梁遗址保留头骨的 17 个个体中，人工变形的有 13 例，占 76.47%。

红山古人什么模样？红山人为亚洲蒙古利亚人种，即黄色人种。面部特征主要为方颅阔面，较高的颅形、宽阔扁平的额面部。在颅面形态上与现代亚洲蒙古利亚人种北亚类型最为相似，与东亚类型也接近。人塑像和墓葬中陪葬品显示，男性头戴冠，女性头部有头箍饰和饰带，脖颈部饰项饰，戴耳饰，手腕上套有玉镯，腰部有带状皮索束腰，足下穿半高腰、平底靴。

黄种人，又称黄色人种、亚美人种、蒙古人种、蒙古利亚人种，是世界四大人种之一。主要分布于乌拉尔地区、东亚、北亚、东北亚、西伯利亚地区、南亚北部和东南亚，少数分布在美洲、大洋洲。黄种人肤色呈白色或淡黄色，多数为褐色或是黑色眼珠，黑色的毛发。颧骨突出，鼻梁不高。

图 7-1 当代黄种人绘图（**陈灵美** 作）

牛河梁遗址墓葬里的红山古人个体构成是什么情况？

牛河梁第二、三、五、十六 4 个地点 56 座墓葬，63 例个体，男性 31 例，女性 27 例，男女比例为 1.15:1。未成年个体 2 例。基本没有婴幼儿，老年个体也少。男性死亡年龄平均为 34.85 岁，女性死亡年龄平均为 30.24 岁，男女两性死亡年龄平均为 32.70 岁，多为中年期死亡者。

牛河梁遗址墓葬里的红山古人基本上是成年人，很少有老人和孩童的情况，说明不是所有人都葬在牛河梁，另有墓葬埋葬其他人。牛河梁等重要遗址只葬成年人，这里的成年人是当时社会的管理者、首领。

继东山嘴、牛河梁遗址之后，又有若干红山文化遗址被发现和发掘。这些遗址主要有内蒙古赤峰市兴隆沟遗址（出土陶人）、草帽山遗址（出土石人）和辽宁朝阳市田家沟遗址（出土玉蛇龙）、半拉山遗址（出土人像群）。这些考古发现，使红山古国的故事更丰富，内容更充实。

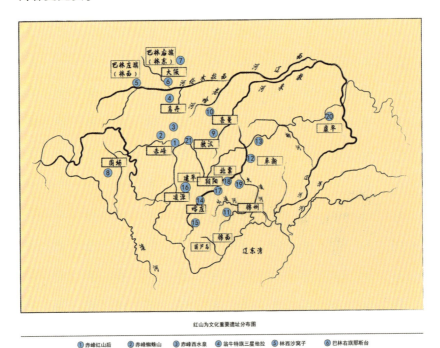

红山为文化重要遗址分布图

① 赤峰红山后　② 赤峰蜘蛛山　③ 赤峰西水泉　④ 翁牛特旗三星他拉　⑤ 林西沙窝子　⑥ 巴林右旗那斯台
⑦ 巴林左旗城郊　⑧ 围场下伙房　⑨ 敖汉下洼　⑩ 奈曼旗　⑪ 锦西沙锅屯　⑫ 阜新胡头沟
⑬ 阜新复兴地　⑭ 喀左东山嘴　⑮ 喀左新营子　⑯ 牛河梁　⑰ 朝阳十二台营子　⑱ 半拉山
⑲ 北票白石水库　⑳ 康平城郊　㉑ 小河泊

图 7-2　红山文化重要遗址分布示意图（徐兴楠 作）

红山文化重要遗址比较多，本图所列重要遗址主要是红山文化发现地，如赤峰红山后；对红山文化研究具有分期意义的重要遗址，如赤峰西水泉；重要文物的发现地，如阜新胡头沟、翁牛特旗三星他拉；对红山文化研究具有里程碑意义的遗址，如东山嘴和牛河梁遗址等。这些遗址及其出土文物，使红山古国的内涵更加丰富。

兴隆沟遗址陶人，出土于兴隆沟遗址第二地点，泥质红陶，陶质坚硬。陶人头部和面部比较完整，戴有完整的冠，有发髻，双目圆睁，鼻梁高挺，唇部突起，两腮下凹，呈呼喊状。陶人双臂弯曲，右手握住左手，双腿盘坐。陶人通高55厘米，胸围的最大宽度65厘米，是目前所发现的红山文化最大整身陶塑人像。

图7-3 兴隆沟遗址出土整身陶人绘图（**刘迪** 作）

草帽山遗址石雕人像，红色凝灰岩，长方形脸，头顶戴冠，双目微闭，鼻梁挺直，嘴角略外扬，平肩，表情端正威严。残高27厘米、头高17.2厘米、头宽11.4厘米、冠高4.8厘米。

图7-4 草帽山遗址石人像绘图（**刘迪** 作）

半拉山石雕人像1，砂岩质。面部轮廓清晰。高额，顶部微凸，应为冠，头顶有带饰垂向脑后。耳部雕成半圆形，浮雕柳叶形眼，外眼角向上，颧骨突出，鼻凸起呈三角形，浅雕两鼻孔，嘴部微隆，闭口，嘴角及下颌雕刻数道胡须。长24厘米、宽5厘米-9厘米、通高33厘米。

图7-5　半拉山石雕人像　绘图（刘迪 作）

半拉山石雕人像2，黄褐色砂岩质，面部轮廓清晰。宽额头、高颧骨、矮鼻梁、深眼窝，双目外凸，双唇紧闭，圆下颌前突。右耳残，左耳轮廓宽大、清晰。发髻位于头顶后部，呈椭圆盘形。长14厘米、宽9.9厘米、通高14.2厘米。

图7-6　半拉山石雕人像　绘图（刘迪 作）

半拉山陶塑人头像，泥质红褐陶。双眼微闭，呈月牙形窄缝，鼻子宽短，鼻梁高挑，两颊饱满，小口微张，左耳残，右耳耳廓较长。发髻雕刻细致入微，顶部为三道环形相套的发髻，后部有三道短弧形发髻，两侧和后部均为披发。颈部有一道竖向凹槽。残高3.5厘米、残面阔2.8厘米、头长3.1厘米。

图7-7　半拉山陶塑人头像绘图（刘迪 作）

红山古国的地理环境如何？红山文化遗址既分布在河湖边、丘陵区，又分布在台地和平原边缘区，说明红山文化的先民充分利用了山冈、坡地、湿地、平原、水面、沟壑、滩涂等地利条件，充分利用了雨热同期、四季分明、大暖期持续等天时条件，合理利用，把多种经济推到繁荣阶段。

图 7-8　红山文化遗址周边环境生态复原示意图（**于皓** 作）

　　红山文化遗址及周边的环境生态优良，人与环境良性互动，演化了采集、狩猎、畜牧、农耕等多种经济形态，形成了以多种生产方式为基础的多种文化的集合。红山文化具备了发展壮大的源源不断的物质动因，不断增强了新文化因素和活力。

红山古国的气候环境如何？红山文化形成于温暖湿润的时期，形成了优良的自然生态条件，人与环境良性互动，最早利用了野生的被子植物，把它培育成谷物，于是演化成采集、狩猎、畜牧、农耕等多种经济形态系列，形成了以多种生产方式为基础的多种文化的集合，进而以多种经济共营为基础，牛河梁红山文化具备了发展壮大的源源不断的物质动因，同时不断增强了文化因素和活力。

红山古国特别重视环境。环境的好与坏能被人们直接敏锐地感受到，所以人们对环境特别崇拜、尊敬。为了更好地生存、荫及子孙，环境问题自然成为其生存的主题。红山古国的人们对环境有一种敬畏心理。在漫长的历史岁月里，这里的先民以祭坛祭祀天地、山川、万物、四方、四时，以庙宇和积石冢祭祀祖宗，以山台聚会四方人士。上述所有活动都类似于今人所开的各种会议，在祭祀祖宗的同时，主要"议题"是向环境致敬：虔诚地对其生存所依赖的环境表示感谢，并祈求环境向人们更多地赐福。

图 7-9　红山文化祭祀场景示意图（马继文 作）

祭祀是红山文化的重要内容。红山文化祭祀以祭祀祖先和天地（环境）为主要内容，兼祭其他。红山文化的祭祀建筑和遗物等，集中表达了红山人的世界观和基本诉求。红山文化祭祀场景示意图，以今天人们的视角，展现了红山文化祭祀的一个场景。

红山古国的经济如何？多种经济共营为红山古国提供支撑。有渔猎经济。大量存在小石片（有的可做复合工具）、石叶、刮削器（有圆刮器、短刮器）等等用于切割皮肉的工具；大量存在凹底等腰三角形石镞、环状和圆柄形石器、鱼钩、镖等用于捕猎的工具；遗址中出土了大量动物的骨骼和动物形状玉器。其中，骨梗石刃复合工具就产生于渔猎经济的需求。小石片和石叶，嵌镶在骨梗凹槽内更便于切割和刮削。骨梗石刃复合工具，还有匕形器、鱼镖等，是先进的渔猎工具。

图 7-10 　渔猎经济工具——骨梗石刃刀绘图（刘迪 作）

骨梗石刃刀是渔猎生活中常见的复合工具，类似小刀。将家畜或野兽的骨头加工成柄，在前端一侧开"V"形细槽，用于镶嵌薄石叶。柄呈长方形，便于手握。组成刃部的石叶多为玛瑙、燧石一类硬度较高的矿物，边缘打制得非常锋利，可以用来切割食物或其他器物。

红山古国有原始农耕经济。发现了有肩的扁宽形石锄、石犁、椭圆形窄刃石斧、四面有刃的长方形石锛、长叶形刃部尖的石耜和柄端有凹缺的石耜等农业生产工具，大型砍伐器，农业收获物谷物

（包括糜子），碾压谷物的长方体石磨盘、横断面呈半圆形的石磨棒等，说明当时农业经济已经达到较高水平。其中，石耜、石斧、石铲等可安装木柄，制作成木石复合工具使用，这是当时最进步的农业生产工具。

图 7-11　农耕生产工具——石磨盘磨棒绘图（**刘迪** 作）

图 7-12　农耕生产工具——石耜绘图（**刘迪** 作）

红山古国有畜牧经济。发现了泥塑熊掌、泥塑熊下颚、鸟等飞禽玉器，发现了猪、牛、羊、狗等驯养动物骨骼，说明当时野生动物和驯养动物品种非常之多。

　　红山古国还有采摘经济。主要是采集自然界的天然产物。依靠双手采集现成的野生植物如野菜、果实、根茎等作为食料，同时还捕食一些小动物和虫类，也使用木棒等将树上的果实打落在地，直接食用。

图7-13　采摘图（刘迪 作）

　　红山古国居住情况如何？红山文化已经会营建成型的房屋。房屋为半地穴式，即一半在地上，一半在地下。这种居住样式，既是气候使然，也是北方古文化的同一性使然。房址平面近似"凸"字形，"凸"平面的上部为门道，同时为烟道。大部分门道呈斜坡状，偶有水平台阶。大部分房屋呈方形或圆角方形，个别房址为梯形。地面基本平坦。房址四周立木柱，上部结构成顶。大多数灶坑离开房屋木柱，位于房址中央位置。朝阳小东山遗址属于红山文化聚落遗址，发现了10座房址。

房址从南至北成排分布，房址平面多为方形、圆角方形或长方形，也有圆形，但规模较小分布密集，周围有灰坑。房址均为半地穴式，为木骨泥墙，有的房址中有灶。聚落周围有环壕。房址中出土了生活实用性的陶器和石器，包括如筒形罐、陶钵、陶杯、陶盘等陶器，以及石斧、石刀、石杵、石饼、石球、磨棒、细石器等石制工具，还有泥质纺轮等。

图 7-14 红山文化生活场景示意图（**刘迪** 作）

五六千年前的新石器时代，辽西地区气候条件优越，比现在更加温暖湿润，为红山古国的繁荣发展奠定了重要的环境背景。大量成套的石质农业工具证明，红山先民已经掌握了农业生产技术，使谷物在膳食中的比例逐渐提升。此外，牛河梁遗址出土了大量动物骨骼，主要有梅花鹿、狍、獐、野猪、狗、黑熊、獾、野兔、东北鼢鼠、雉、河蚌等，这些动物是红山人重要的肉食来源。红山先民通过采集、渔猎、农耕等方式获取食物，也将捕获的小动物畜养起来。食物来源的多样性保障了红山古国的持续发展。红山先民中的一部分人开始专门从事手工生产，制作大量造型规范、纹饰精美的陶器和玉器，用于生活和祭祀。红山文化生活场景示意图让考古学文化穿越时空，来到大众生活视野。

红山文化普遍使用陶器，有生活用陶器和祭祀用陶器之分。有直接用于烧煮饮食的釜、双耳罐、瓮、鼓腹罐、盆、鼎等，也有用于盛装食物的钵、碗、杯等。牛河梁红山文化遗址也出土了许多泥质红陶的钵碗盆类、瓮罐类。红山文化神庙中室出土的镂空熏炉盖，陶质细、火候高、质地硬、壁均匀，盖面镂孔为长条状，每组五条，间距相等，为祭祀用蒸煮器盖。红山文化的用火饮食技术达到了新高度，成为一个传统，一直传承至今。

图 7-15　生活用陶器——陶罐
　　　　绘图（**刘迪** 作）

图 7-16　生活用陶器——陶钵
　　　　绘图（**刘迪** 作）

图 7-17　祭祀用陶器——筒形器
　　　　绘图（**刘迪** 作）

图 7-18　祭祀用陶器——"塔"形器
　　　　绘图（**刘迪** 作）

新石器时代晚期的红山人使用陶器作生活用具和祭祀用具。生活用陶器是实用性的，如陶罐、陶钵、陶盆、陶杯等，可以用来烹饪食物，盛储粮食、水等。祭祀用陶器专门用于随葬或祭祀，如上无盖、下无底的陶筒形器，陶"塔"形器，熏炉器盖等，往往出土于积石冢墓葬、祭坛或神庙等礼仪性场所。

红山古国衣饰如何？当时人们的服饰已经完备。牛河梁红山文化女神头部有冠和带饰，草帽山红山文化遗址石人头部有冠，东山嘴红山文化遗址出土的陶人腰部系扎腰带，牛河梁红山文化遗址第五地点出土的陶人穿上了靴鞋，从头到脚都被"武装"起来。

红山古国已经养蚕。"嫘祖始蚕"这一家喻户晓的历史故事得到了红山文化考古学的验证。牛河梁红山文化遗址第二地点一号冢11号墓出土蚕玉器1件，牛河梁红山文化遗址第五地点地层中出土蚕玉器1件，田家沟红山文化西梁头遗址2号墓出土蚕玉器1件，建平东山岗红山文化遗址出土蚕玉器1件，赤峰市那斯台红山文化遗址也出土蚕玉器1件。这些蚕玉器是中华蚕文化的精华，主要发现于红山文化区，这说明红山文化是最早养蚕和利用蚕丝的史前文化，而且为中国在相当长的时间内是唯一掌握蚕桑技术的国家提供了证据，当然也为红山文化完成了服饰革命提供了有力证明。

红山文化区发现了多件蚕形玉器。这些玉蚕形象生动逼真，红山人显然非常熟悉这种动物及其特性。苏秉琦先生把史前考古发现与古史传说相结合后认为，黄帝主要活动中心在北方，"红山文化的时空框架，只有黄帝时期与之相符。"古史传说中，黄帝的正妻嫘祖是教民养蚕缫丝的创始人。因此，红山文化区可能是中国古代最早养蚕和利用蚕丝的地区。

图7-19 玉蚕绘图（刘迪 作）

红山古国使用红铜，树起中华冶金技术里程碑。牛河梁红山文化遗址第二地点四号冢 3 号墓（85M3），疑为成年女性墓，于头骨左侧近于颈部处，清理出铜耳饰和玉坠各一件。铜耳饰是经范制并锻打而成，铜丝弯成曲环形，铜丝截面径 0.3 厘米，曲环长径约 2.4 厘米，一端尖细一端宽平，两端的断茬清晰可见（见图 4-10）。可为佐证的是在牛河梁红山文化遗址附近的赤峰市敖汉旗西台红山文化遗址出土了两件方形青铜陶合范，长宽均有 5 厘米左右，上面留有浇口，范腔为鸟头形。牛河梁红山文化铜耳饰与甘肃省马家窑文化遗址出土的铜刀同为中国迄今年代最早的铜器，大约在距今 5000 年。这样红山文化区与甘肃省同为探讨中国冶金术起源的重要区域。红山文化先民会识别铜矿并有成熟技术范制并锻打铜器使之成为成品，这在技术上为中国人从石器时代进入青铜时代树起了里程碑。

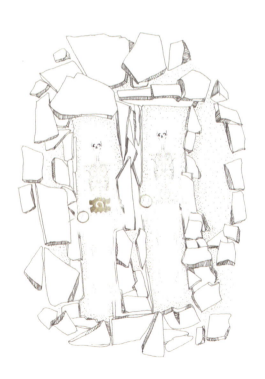

图 7-20 成年男女双人葬示意图（丁佳倩 作）

红山古国通婚情况如何？单人葬和成年男女双人葬并存，说明红山文化时期已经有较为稳固的夫妻关系。牛河梁遗址第二地点男女合葬墓的墓主人入葬时间有先有后，但最终被合葬，可见这种亲密关系不仅被当事人所珍视，而且也被周围人群所认同。

红山古国的内容不断被丰富，红山古国的研究方兴未艾。

第二节　红山文化考古进行时

东山嘴、牛河梁等红山文化遗址使红山文化引起世人广泛关注。辽宁省红山文化遗址的调查、发掘和研究工作一直在进行中。近年来又有多项重大发现，丰富了区域内红山文化的内涵。

田家沟墓地。田家沟红山文化墓葬群位于朝阳凌源市三家子乡河南村田家沟组附近的梁状丘岗上。该墓葬群于 2009 年 3 月第三次全国文物普查时被发现，均为红山文化墓葬，可分为 4 个墓地地点。据已公布的材料可知，田家沟墓地共计发掘面积 2105 平方米，发现红山文化晚期墓葬 42 座、人骨个体 46 具、祭祀坑 4 个、方形祭坛 1 座。出土红山文化玉器 19 件，以及彩陶盖罐、夹砂红陶罐、陶塔形器、石斧等大量文物。

考古工作者在对田家沟第三地点进行清理时，在石块上发现雕刻的龟形图案。在第四地点墓地出土了戴在墓主人右耳的蛇形耳饰。在第一、第三地点发现了在大体相同的时间段内的男女双人并穴合葬墓，均是男性在右侧、女性在左侧。经考古专家验证，墓葬中的男性和女性都属于正常死亡的成年人，男性的死亡时间要早于女性，而入葬过程中有先后顺序。特别是第四地点发掘的男女双人合葬墓中，取消了男女之间的隔离物，表明墓葬中男女关系更为密切。这些发现说明，在红山文化晚期的家庭形态上存在着较为固定的配偶关系，这对于合理解释红山文化晚期家庭与家族的兴起与壮大有着重要意义。

田家沟墓地各地点均属红山文化晚期墓葬，规模上较小，表明它们所代表的社群规模也较小。对田家沟墓葬群的发掘与探究，有助于进一步揭示牛河梁及周边地区红山文化墓葬群所代表的史前社会组织的规模与结构。

半拉山墓地。该遗址位于朝阳市龙城区召都巴镇尹杖子村大杖子组东北约 600 米的半拉山顶部。距今 5300-5000 年，略晚于牛河梁遗址，大约持续使用了 300 年。

半拉山墓地兼具埋葬与祭祀功能，共清理 78 座墓葬，29 个祭祀坑和 1 座大型祭坛，并在祭坛中部发现 1 座木构建筑址。出土遗物丰富，其中玉器 140 余件，还发现了多个石质的和陶塑的人物雕像。

半拉山遗址是远离牛河梁遗址之外的一个红山文化活动中心区域，从墓地整体与单体墓葬的规模及随葬品的种类看，等级应比牛河梁遗址稍低一些。这里发现了墓主人随葬带柄端饰的石钺，说明红山文化晚期辽西地区可能出现了集君权和神权于一身的王者。这个遗址的发现对研究红山文化社会复杂化及探讨中华文明起源等相关问题，提供了一批值得关注的考古资料。[辽宁省文物考古研究所，朝阳市龙城区博物馆：辽宁朝阳市半拉山红山文化墓地，《考古》，2017（7）。]

马鞍桥山遗址。位于朝阳市建平县太平庄镇石台沟村的一处山坡上，是辽宁省内目前已发掘的面积最大的一处新石器时代的聚落址。遗址年代延续较长，文化内涵较丰富，包含有兴隆洼文化、红山文化早、中期遗存，绝对年代为距今 7700-5500 年。

2019-2021 年，由辽宁省文物考古研究院、朝阳市考古研究所、建平县博物馆和牛河梁遗址博物馆联合对该遗址进行了连续三年的发掘工作，确认了该遗址包含房址、灰坑、环壕、祭祀区和墓葬区等众多遗迹，出土了大量陶器、石器及少量骨、角、贝、玉器等。

马鞍桥山聚落址内各功能区经过精心规划和布局，居住区外围有正南北向人工挖掘的形制规整的环壕围绕，与居住相关的遗迹均分布于其内部。除了先民居住的房址外，还发现了祭祀区。祭祀区域内有燎祭遗迹和祭祀坑，祭祀坑内有与农业生产相关的陶、石器祭祀品，还有鹿科动物骨骼和贝类。在一处大型祭祀坑内，考古工作者还发现了整套的农业工具，包括播种用的石耜（犁）、收割用的石刀、加工谷物使用的石磨盘和石磨棒，其中一件石耜涂有红色颜料。这说明马鞍桥山遗址是一处兼具生活与祭祀等功能于一体的聚落址，填补了红山文化缺少低等级祭祀遗存的空白，为探究红山文化祭祀制度、红山社会等级分层及红山聚落区域分化提供了宝贵资料。[樊圣英、刘超、李波：辽宁建平县马鞍桥山新石器时代遗址的发现与认识，《北方文物》，2023（4）。] 2021 年 11 月，马鞍桥山遗址被纳入"考古中国——红山社会文明化进程研究"项目。

牛河梁遗址第一地点 2 号建筑址。2017 年，辽宁省文物考古研究院与中国社会科学院考古研究所合作，重新启动红山文化遗址的考古发掘工作，工作重点是牛河梁遗址第一地点 2 号建筑址，即之前提到的"品"字形山台。

牛河梁第一地点首次发现于 1983 年，经过考古工作确认了这一地点共有 4 座建筑址，其中 1 号建筑址"女神庙"经过试掘，初步确定这座建筑是红山先民用于祭祀的"庙堂"。3 号建筑址位于遗址的东部，是一座半地穴式建筑，出土了大量的折沿筒形器残片。4 号建筑址位于第一地点东北部，初步可以确认是一座有柱洞和地面灶的大型半地穴式建筑。2 号建筑址是第一地点面积最大的遗迹，面积约 4 万平方米。经新的考古发掘初步确认，2 号建筑址由 9 座石砌护坡台基建筑组成，总面积达 10 余万平方米。另外，考古人员在该建筑址的 3 号台基上发现了与祭祀活动相关的遗迹、遗物。垫土层中出土的大型彩陶缸、彩陶盆（盖）、筒形罐、灰陶钵、圆陶片组合有可能是《周礼·春官宗伯·大宗伯》中记载的与"裸礼"祭祀行为相关的器物组合。2020 年 10 月，以牛河梁遗址第一地点 2 号建筑址为代表的牛河梁遗址考古发掘由科技部批复，列入国家文物局负责组织的第五期"中华文明探源工程"，相关考古工作仍在持续推进。

辽宁省红山文化遗址考古调查新发现。自 2017 年起，辽宁省经国家文物局批准开展"大凌河中上游红山文化遗存考古工作计划（2016-2020 年）"。历时四年，共调查了红山文化遗址 500 处，其中 80% 为新发现。新发现的遗址包括红山文化墓葬、祭祀等礼仪性建筑遗存和生活遗存。大凌河中上游地区以往发现的考古遗存多偏重于高等级礼仪性建筑，与之相对应的生活遗址较少。这次调查发现的生活遗址，将为研究红山文化聚落分布、生业方式、文化发展进程提供材料依据；大规模的礼仪性建筑遗存的发现及其分布，也将为确定已经发现的特殊遗存的影响范围及意义、探讨红山文化社会的组织方式以及红山文化社会复杂化动力提供线索。（朱忠鹤：历时4年考古调查结束 我省新发现四百余处红山文化遗址，《辽宁日报》，2021-10-20）。

此外，辽宁省还开展了辽河干流（沈阳）地区法库县秀水河流域红山文化遗址考古调查，该项目成果补充、完善了下辽河流域史前考古学文化序列，为研究红山文化分布的东南界提供了重要线索。

"红山文化文明化进程研究"项目启动。2017年，国家文物局启动了"考古中国"重大项目，通过持续系统的考古工作，不断加深对中华文明悠久历史和价值的认识。由中国社会科学院考古研究所联合辽宁省文物考古研究院等文博机构和高校院所开展的"红山社会文明化进程研究"项目被国家文物局纳入"考古中国"重大项目，红山文化研究进入了新阶段。

第三节　走在"申遗"的路上

牛河梁红山文化遗址为中华文明起源提供了新证据，被誉为"文明新曙光"，这一考古学文化遗存是当之无愧的世界级文化遗产。牛河梁遗址申报世界文化遗产成为辽宁人民的夙愿。

2008年，国家文物局和辽宁省人民政府确定以牛河梁遗址8.3平方公里核心保护区为依托，正式启动牛河梁国家考古遗址公园项目建设。2014年6月14日，该遗址公园正式挂牌，晋升为"国家级遗址公园"，也是辽宁省第一座国家级考古遗址公园。公园占地面积约8平方公里（即保护范围的核心区），开放区域包括第一地点（女神庙）保护展示馆、第二地点（积石冢、祭坛）保护展示馆、牛河梁遗址博物馆。其中牛河梁遗址博物馆是一座现代化的红山文化专题性遗址博物馆，也是牛河梁国家考古遗址公园的重要组成部分。博物馆于2011年3月动工建设，2012年9月建成试运行，展览面积近3500平方米。牛河梁遗址博物馆集文物收藏保护、学术研究和社会教育多种功能于一体，结合现代展示技术手段，集中展示牛河梁遗址考古发掘的成果。博物馆基本展陈由红山古国、古国技艺、人文始祖、祈福圣坛、古国王陵、玉礼开端、玉魂国魄7个部分组成，生动再现了红山文化时期的生态环境、建筑形态、生产生活、丧葬习俗、宗教祭祀等，是了解红山文化和中华文明起源的重要窗口。

牛河梁红山文化展示中心内设有苏秉琦纪念展，以翔实的照片和文字资料记述了苏秉琦先生等考古学家对红山文化的关注和研究历程，全面展示了苏秉琦先生与牛河梁遗址的深厚情缘。

2012年牛河梁遗址与内蒙古自治区赤峰市红山后遗址、魏家窝铺遗址一起列入重设的《中国世界文化遗产预备名单》。2013年牛河梁遗址被国家文物局正式列入第二批国家考古遗址公园名单。2021年牛河梁遗址入选中国"百年百大考古发现"名单。

朝阳市与赤峰市红山文化遗址联合申遗取得新进展。2022年7月16日，朝阳市、赤峰市推进红山文化申遗工作座谈会在赤峰市召开，双方就两地申遗工作进行安排部署。会议听取了朝阳和赤峰两市文旅（文物）部门关于联合申遗工作进展情况的汇报，就世界遗产委员会申遗规则调整、国内申遗形势变化、现阶段申遗工作存在的问题等内容进行深入交流。

会议对进一步推进红山文化遗址联合申遗工作形成了四点共识。一是要以习近平总书记在中共中央政治局第三十九次集体学习时的重要讲话为契机，将红山文化申遗作为中华文明探源工程的重要组成部分，加快建立两市联合申遗的制度和机制。通过推动两市领导定期协商会面、成立专班沟通交流等方式，将联合申遗工作常态化、制度化。二是按照国家文物局申遗工作规程要求，统一两市的申遗标准和技术路径，列出时间表、路线图，清单化、项目化推进世界遗产专家评估的各项准备工作。三是坚持问题导向，加快推进遗址发掘和文化价值研究。积极与国家和省级考古部门沟通争取，加快遗址发掘速度，力争尽早向世界展示红山文化全貌。四是加强对外推介，通过联合举办文化论坛、开展文化活动、发展文化产业项目、邀请主流媒体和社会专家宣传推介等形式，向更高层次、更多受众宣传、阐释红山文化。两市文旅部门在会议上就文化旅游协同发展签订了合作协议。红山文化遗址"申遗"未来可期。

红山古国立于世界东方，必将为更多人所知。

延伸阅读材料一：

红山文化遗址申遗展望

红山文化遗址申报世界遗产，很可能要遵循系列遗产申报的方式。

根据《世界遗产公约操作指南》第137条，系列遗产申报（打捆申报）应包括两个或两个以上逻辑联系清晰的组成部分：

1.各组成部分应体现出文化、社会或功能性长期发展而来的相互关系，进而形成景观、生态、空间演变或栖居地上的关联性。

2.每个组成部分都应对遗产整体的突出普遍价值有实质性、科学的、可清晰界定和辨识的贡献，亦可包含非物质载体。最终的突出普遍价值应该是容易理解和便于沟通的。

3.与此一致的，为避免各组成部分过度分裂，遗产申报的过程，包括对各组成部分的选择，应该充分考虑遗产整体的连贯和管理上的可行性。而且，它们是作为一个整体具有全球突出普遍价值，而不一定是每个具体部分。

红山文化申遗工作有自己的优势。

一方面，红山文化牛河梁遗址群为距今 5500~5000 年的红山文化晚期规模最大的中心性祭祀遗址，引发了学术界关于西辽河流域文明起源模式及中华文明起源总体格局的深度思考。当然，还有很多根本性的争论，但这是不可避免的、常见的。就牛河梁遗址群来看：牛河梁遗址群与自然景观融为一体，一些学者认为是目前所发现的红山文化晚期规模最大的祭祀遗址群。

牛河梁遗址群内分布有大型积石冢、三环石坛、女神庙、巨型石砌高台和大型祭祀平台等遗迹，被认为是国内同期罕见的祭祀遗迹。再次，牛河梁积石冢内埋葬有石棺墓，大型石棺墓随葬玉器的种类和数量较多，被认为由此反映出红山文化晚期可能为神权与王权合二为一的管理模式。此外，在牛河梁遗址积石冢石棺墓内发掘出土一批具有典型时代特征和地域特色的玉器，其种类和数量的多寡及组合关系的变化明显反映出墓葬的等级差别，证实红山文化晚期出现了比较完备的玉礼制系统。

这样大规模和高规格的遗迹对于中国文明的发展所起的作用以及对整个东北和东北亚远古文化发展的深远影响，具有突出意义。

另一方面，赤峰红山遗址群也有着同样重要的学术价值。首先，赤峰红山遗址群是国内最早被发现并经过考古发掘的红山文化时期的聚落遗址。其次，赤峰红山遗址群是红山文化的命名地，在遗址的使用功能方面与牛河梁遗址群具有互补性。再次，红山遗址群除发现红山文化时期的居住遗址外，还分布有青铜时代的遗存，对于狩猎采集经济、农业经济、游牧经济三种经济形态的发展和演变研究具有不可替代的地位。此外，红山遗址群融人文景观和自然景观于一体，也具有自己的特色。赤峰地区历史文化资源丰厚，不同时期的古代文化遗址分布密集，相比之下牛河梁遗址群在 50 平方公里之内没有发现居住遗址。如果能够将红山遗址群与牛河梁遗址群联合申报为世界文化遗产或许会是一种可以考虑的选择，但还需要大量、综合的学术研究工作和遗产保护管理、展示工作来支撑这一构想。但有一点可以肯定，推进世界遗产申报工作的过程对赤峰市境内的红山文化遗址保护将产生积极影响。

综上所述，将两个遗址群联合捆绑申报会是一个可行的选择。在红山文化发现和研究史上，红山遗址群具有不可替代的地位，是五千年古国的象征，更是中华文明起源多元一体格局理论的重要见证。保护好红山遗址群这份珍贵的历史文化遗产，是我们义不容辞的责任和使命。推动将红山遗址群与牛河梁遗址群联合申报为世界文化遗产，会使我们共同承担起保护、传承与弘扬中华五千年文明成果的重任，也是我们为实现中华民族伟大复兴所能做的积极贡献。

本文引自郭旃《世界遗产语境中对红山文化遗址的期待》一文，原载于《第八届红山文化高峰论坛论文集》。

延伸阅读材料二：

牛河梁红山文化对中华传统文化的影响

牛河梁红山文化遗址群作为我国史前北方最辉煌的文明成就，是我国古代先人在建筑、思想文化、文字、器物等诸多方面的高度智慧结晶，这些文明因素远播后世，对中华传统文化产生了诸多方面的影响。

一、祭祀建筑对后世的影响

牛河梁红山文化遗址建筑所蕴含的宗教祭祀理念、建筑技术为后世的宗教祭祀观念、宗庙建构、墓葬习俗，甚至古城建制等都产生了影响。

（一）女神庙——后世宗庙的雏形

首先，从女神庙半地穴式结构和土木建构材料与居住地房屋建制相同的角度看，体现了古人"事死如事生"（《左传·哀公十五年》）的礼制观念早在牛河梁红山文化时期已经存在，这应该是三代以来庙为祖先住地，并按活人住的"寝"的式样建造的制度的起源，这种观念一直影响至今；其次，从女神庙的结构与建筑上看，已经相当复杂，主次分明，左右对称，布局严谨而又有所变化，非史前时期一般居住址所能比拟。这种按特定思想观念设计的传统布局形式，是后世宗庙建筑的雏形，并且作为中国建筑的传统延续了几千年。

女神庙出土了造型奇特的陶祭器、完整的女神头像及分属不同个体的女神像、动物神塑像残件等多种具有明显祭祀特征的遗物，而且从不同神像的安放屋室位置及个体大小不同的情况看，已经有了主神与群神区别。再进一步将女神庙与积石冢、祭坛相结合的主次分明而又统一的布局情况联系起来看，女神庙反映了我国史前西辽河流域红山文化晚期社会祭祀内容和性质的统一，即以祭祀祖先为主，兼有祭天、祭地、祭神等完整祭祀礼制的内容。这种合祭的形式和内容在后世一直延续下来。

（二）中国金字塔式建筑的最早范本

经考古证实，牛河梁红山文化积石冢是在辽宁西部首次明确发现的积石冢，也是东北亚发现的最早的积石冢。牛河梁遗址积石冢的特征是：内部（以各冢唯一的高等级的中心大墓为例）建制规整，墓穴宽而深，甚至为了达到一定的宽度而不惜开凿风化基岩，墓内起台阶，内壁平齐，有石棺；外部墓上封土积石形成土石丘顶，顶部平缓，边缘起台阶。郭大顺先生指出：这种巨大而高耸的坟丘设置，已不仅仅是一种墓葬标志，更主要是用以突出墓主人"一人独尊"的特殊地位，以及冢与冢、墓与墓所反映的当时社会组织中人与人之间的严格等级划分，这是文明初始阶段具有时代特征的社会文化现象。与埃及的金字塔、西欧地区的巨石墓一样具有着国家文明的象征。

（三）积石冢的延续与发展

徐子峰教授综合考察我国多地区的墓葬习俗，并与牛河梁红山文化积石冢的形制、特点、性质等特征比对分析后指出：牛河梁红山文化积石冢作为东北地区石墓文化的源头，随着红山先民经医巫闾山向辽东半岛的迁徙进驻，在辽东半岛地区发展并演变了多种类型，但积石冢的基本特征仍然保留，如山岗顶部设墓、墓葬顶部封土积石、冢内石棺墓有规律排列、冢内唯一中心大墓等特征。具体遗迹发现在辽宁省东南部、北部及吉林省西南部，出现了与牛河梁红山文化积石冢基本特征一致的积石墓、石棚墓、大石盖墓、石棺墓等墓葬习俗。该石墓文化的传播范围由东北开始，经河北、山西传播至西藏、四川、云南等地，形成了半月牙形的文化传播带。

中国汉代以来出现了墓上设坟丘的墓葬习俗，而这种习俗的起源可追溯到 5000 年前的牛河梁红山文化。

（四）三台式建筑的"鼻祖"

我国自古以来对"三"这个数特别敬重，在建筑上的使用十分慎重，也是建筑礼制的一个重要界限。根据前文介绍，牛河梁红山文化积石冢和祭坛都有三台式建筑，三台逐层收缩，此现象与我国后世古代建筑的三台属一脉相承，由此也进一步说明，牛河梁红山文化积石冢的三台地上建筑并非随意建筑，而是严格按高度营建的。牛河梁红山文化遗址应该是我国最早的三台式建筑的地点，已被誉为中国古代建筑三台的"鼻祖"。

（五）石砌古城的起源

位于牛河梁红山文化遗址女神庙北侧的山台，是一处有着明显人工堆筑痕迹的大型石砌方台遗址，台址周边有人工砌筑的石头边墙，总面积约 10 万平方米，其功能是具有首领会盟、祭祀、交易、聚会等多方面功能的"会盟中心"。雷广臻教授在分析甲骨文"邑"字的基础上，结合牛河梁红山文化遗址山台的建筑形制及其功能指出：此山台有可能是我国最早的城。同时，牛河梁红山文化遗址山台石砌古城与同期的东山嘴红山文化遗址、草帽山红山文化遗址的石砌建筑一起，构筑了我国北方红山文化时期的"古城群"。而牛河梁红山文化遗址山台更与女神庙相结合，甚至应为"帝都"级的重要古城址。由此，牛河梁红山文化山台可能是我国最早的石砌古城起源。

（六）明清北京天坛、太庙、明十三陵建筑的起源

牛河梁红山文化遗址圜丘与方坛的象征手法与《周礼》及以后的文献关于天地二坛的规定多有相合，而其所体现的祭祀礼制与建筑形制在后世得以沿用并且保留至今：北京天坛即是石筑三层圆坛，著名的祈年殿不仅建筑在三环形的祈谷坛之上，且保留着三环圆顶，此种迹象与牛河梁红山文化祭祀天神的圜丘相似；而与北京天坛遥遥相对的地坛，明清后称"方泽坛"，亦是一处有着壝墙、石台的标准矩形建筑，与牛河梁遗址祭祀地神的方坛相似。另外，牛河梁遗址以祭祀祖先为主的女神庙与北京的太庙功能相符，积石冢安葬"一人独尊"的祖先与明十三陵的功能相符。由此推断，牛河梁红山文化遗址的这种坛庙冢相结合所代表的我国史前高等级的祭祀礼制文明，一直延续到北京天坛、太庙、明十三陵，且保存至今。

二、对后世思想观念和文化技术方面的影响

牛河梁红山文化所蕴含的思想观念和文明要素对后世的天文历法、农业、祭祀、生产生活、民族文化等也产生了重要影响。

（一）天文历法与农业文明的延续

冯时先生研究牛河梁红山文化遗址第二地点第三号冢的三重圆环时指出：这是迄今所见史前最完整的盖天宇宙论图解。该三环石坛，由规整的淡红色圭状石桩组成三个叠起的同心圆，剖面呈拱形。圆坛的拱式外形是天穹的象征；三环表现了二分（春分、秋分）二至（夏至、冬至）的日动轨迹；石坛的三衡由淡红色的圭状石组成，是古代表现黄道的惯用象征。可见，牛河梁的盖天图不仅描述了一整套宇宙理论，同时准确地表现了分至日的昼夜关系，它表现了红

山先人对宇宙的超高水平认识，是中国最早的天文学研究的实证。

这种高水平的天文历法观，体现了当时的农业文明的发达情况。经考古发掘证实，牛河梁红山文化所在的西辽河流域是我国最早的粟类作物产地，距今约8000年的兴隆洼文化考古发现的碳化粟和黍充分地证明了这一点。赵志军研究员在多年研究的基础上更提出"距今6000年的红山文化中晚期已经完成了粟作物驯化的过程"的论断，那么牛河梁红山文化时期的农业文明不但出现，而且有了较高的水平。这种旱地粟作农业对天的依赖程度非常大，而牛河梁遗址发现了体现盖天宇宙观的三重圆环，体现了红山先人当时观象授时的天文历法水平，这种生活技能的表现，也是当时农业发达水平的体现。

（二）"天圆地方"观念与天地祭礼的初成

在牛河梁第二地点三环圆坛的西侧2米处，并列分布着第二号冢，是一个正中为石筑的方台，四周有墙墙的方坛。此三环圆坛和三重方坛组合的出现，正与古人素有的"天圆地方"观念相契合（第二地点四号冢平面图亦呈前方后圆形）。但冯时先生结合中国古代祭祀礼制的情况指出，这种方圆遗迹已非古人简单的"天圆地方"观念的体现，而是古人的祭祀天地之所。《日下旧闻考》中提到古代的天地祭祀为："古者祀天于圜丘，祭地于方丘（方泽）。圜丘者，南郊地上之丘，以象天也；方丘者，北郊泽中之丘，丘方而下，以象地也。"而牛河梁遗址圜方二坛的出现，其象征手法与《周礼》及以后的文献关于天地二坛的规定多有相合，说明距今5000年前的红山先人在祭祀先祖的同时，也举行着祭天地的礼仪，这些礼仪方面的观念一直影响至今。

（三）中国最早的壁画

女神庙的内层墙面，发现了用朱、白两色相间绘出的几何形勾连回字纹图案，线条皆为宽带的直线和折线，并以两两相对的折线纹为一组。纹饰虽比较简单，但在史前社会，这种用不同色彩描画规则的图案以装饰墙面的做法，应该是我国目前已知最早的壁画。甚至可以说，中国绘画从牛河梁开始，中国房屋建筑绘画亦从牛河梁开始，这里是中国绘画的源头所在。

（四）阴阳文化的开端

阴阳观念是《易经》乃至中国传统哲学的基本观念，而阴阳观念经考古研究证实起源于龟文化，此论据已经在牛河梁红山文化遗址找到实证。在牛河梁红山文化遗址第五地点的中心大墓，考古发现墓主人的双手各握一只玉鳖。雷广臻教授在承担中华文明探源工程"红山文化玉器"课题研究时，提出古人在深化了对雄雌玉鳖的直观取象认知后，形成了朴素、直观的阴阳观念。而后香港中文大学邓聪先生用高倍照相系统观察发现，古人是将两鳖摞起来使用的，这已经不是简单的生物现象。雌雄两鳖相摞使用的现象，体现了上阳下阴，乃"少阳"之象，是阴阳文化的体现。牛河梁雌雄玉鳖的创造性使用为阴阳文化奠定了根基。

三、对甲骨象形文字的影响

牛河梁红山文化的建筑形状、器物形状等对后世象形文字的形成也产生了影响，本文就几个重要的文字举例介绍。

（一）女神庙——"中"

甲骨文的"中"字为"🏴"或"🎏"，有"中间"的含义，从字形上讲有多种相类似的写法，但多数带有"旗子"的象形符号，意思是跟着旗子走，集中不要分散的含义。女神庙的复原图与甲骨文的中字相像，而且女神庙作为集中祭祀场所的作用，正与"中"字"中间"的含义相契合，所以我们大胆地推测，女神庙的形状是史前"中"字观念的体现，是"中"字的最早形式。

（二）女神像玉睛——"目"

甲骨文的"目"字为"👁"或"👁"。女神庙出土的完整女神头像眼窝处镶嵌有两片玉石，代表眼睛，该玉片正面磨光圆凸，背面为钉状，为镶嵌所用，此玉片作为眼睛与泥塑女神像结合，使女神像的神情增色了许多。雷广臻教授认为女神像眼窝嵌玉睛片的形象，与后世商代人物造型的眼睛形象、甲骨文的"目"字均非常相似，这或许是牛河梁红山文化与商文化的又一关系例证。

（三）玉猪龙——"蜀"

甲骨文的"蜀"字为""。根据造型红山文化的龙玉器分两种：一种是"C"形玉龙，一种是首部类似猪首的玉猪龙。玉猪龙是牛河梁红山文化的典型玉器的代表。以阜新艾荫范先生为代表的一些学者认为，玉猪龙是甲骨文"蜀"字，因为甲骨文的"蜀"字里面中空，没有"虫"字，造型与玉猪龙相似。如果此说成立，甚至可以证明蜀文化与红山文化有关系。

（四）勾云形玉佩——"云"

甲骨文的"云"字为""。关于勾云形玉佩的原型，学术界有两种说法，一说是猛禽，一说是云形。我国著名的玉学专家杨伯达先生就持云形说，认为勾云形玉佩实为云瑞。《山海经》记载红山文化晚期干旱常有发生，牛河梁红山文化遗址勾云形玉佩可能就是当时人们对云雨期盼的现实反映。杨伯达先生指出：勾云形玉器中心有一条弯的曲线，与甲骨文的"云"字相同，如果此说成立，牛河梁红山文化遗址的勾云形玉佩可能与甲骨文的"云"字有关。另外，云瑞是黄帝文化的图腾之一，如果云瑞说成立，那么牛河梁红山文化遗址的勾云形玉佩是黄帝文化与牛河梁红山文化相关的又一实证。

（五）双首玉器——"虹"

甲骨文的"虹"字为""。牛河梁红山文化遗址出土的双首玉器分双人首玉器与双兽首玉器两种，曾有人将其与《山海经》中的"并封"相联系，但未有确切的定断。该种器形有可能是自然界的彩虹的模仿，甲骨文的"虹"字即有明显的两头特征，那么牛河梁红山文化遗址的双首玉器可能是甲骨文"虹"字的一个来源。

（六）交叠的下肢——"交"

甲骨文的"交"字为""。牛河梁第二地点一号冢4号墓为规整的石板墓，该墓主人的下肢摆放比较奇特，呈交叠状。这种姿势的出现绝非偶然，应该是特意人为摆设而成。冯时先生研究后提出，这种造型就是甲骨文的"交"字，正是《易经》中的天地交泰，即天地沟通，和谐太平的含义。

四、典型器物的传承与发展

红山文化在北方的直接继承者是小河沿文化。小河沿文化年代略晚于红山文化，分布范围与红山文化基本一致，陶器类型上有较明确的继承关系。遗憾的是小河沿文化玉器发现较少，牛河梁红山文化精彩的玉文化未曾保留。

河北省北部的承德地区、张家口地区受红山文化影响的痕迹非常明显。承德北部围场蒙古族自治县下伙房乡北梁遗址附近发现了红山文化典型的玉环、玉猪龙。河北省西部张家口姜家梁新石器时期的墓地中出土了一件红山文化玉猪龙。河北蔚县三关遗址发现了红山文化麟纹与仰韶文化玫瑰花纹彩陶共出、同时又与河套原始文化交错的现象。唐山迁安县城东北的安心庄遗址发现的石器、陶器、骨器等器物，从质料、制法、器形、纹饰等方面与红山文化有共同之处，该遗址同时发现部分泥制黑陶与龙山文化相近，部分陶器与仰韶文化后岗类型相近，这种不同文化特征共出的现象表明北方红山文化与中原文化交汇与融合的迹象。

红山文化与殷商文化有密切关系。河南妇好墓出土了带有红山文化因素的玉器，如勾云形玉器、玉龙等。妇好墓玉龙延续了红山文化玉龙的选料和造型的风格，但造型上亦有发展，如玉龙身体蜷曲与红山玉龙相似，与红山玉龙最大的区别是身躯上多出角、爪的造型，且通体刻有纹饰，其张牙舞爪的形象又接近后世龙形。妇好墓的玉龙被认为是红山龙与后世龙的中间过渡阶段。商文化可能是北方红山文化在中原地区的继承者。

春秋战国时期的墓葬中多次发现红山文化玉器。陕西春秋战国多处墓葬出土了红山文化玉器。如凤翔县上郭店春秋晚期墓出土了勾云形玉器。凤翔县南指挥镇战国秦墓出土了玉雕龙。韩城西周晚期墓出土了玉雕龙。河南省三门峡市西周诸侯封国虢国的虢公长父墓出土了在红山文化基础上发展的玉猪龙和玉玦等。根据以上与牛河梁红山文化典型玉器相似玉器出土情况观察，牛河梁红山文化在北方有嫡系继承文化得以发展，而后期逐渐由北向南发展，走向中原地区，直达河北、河南、陕西等，甚至更大的范围，在中原与来自各方的多种史前文明文化融合、发展。

综上所述，牛河梁红山文化遗址是作为红山文化晚期最高文化成就体现的大型祭祀礼仪建筑群，其所包含的建筑、规划布局、遗物等文明因素，对其后我国社会的建筑、宗教、文化、美术、社会、历史等方方面面都产生了重要而久远的影响，为中华传统文化的弘扬与发展奠定了稳固的基础。

本文引自李雪梅《牛河梁红山文化对中华传统文化的影响》一文，选自王丽颖主编《牛河梁红山文化遗址研究》。

第七章　红山古国立于世界东方

红山文化大事记

1907 年，中国内蒙古东南部卓索图盟盟长、喀喇沁旗王爷贡桑诺尔布办学堂，聘请日本人鸟居龙藏为教师。1908 年，鸟居龙藏在赤峰红山后采集到陶器、石器和金属器，发现古墓。

1919–1924 年，法国人桑志华、德日进来到赤峰地区，发现多处新石器时代遗址并采集标本。1924 年，两人发现赤峰红山主峰南部的一处新石器时代遗址。

1921 年，瑞典人安特生与加拿大人步达生等一起，在今葫芦岛市南票区沙锅屯发现了一处古人类洞穴遗址，发掘出的遗物主要属于新石器时代，其中有属于红山文化时期的遗物。

1930 年，当时的中国政府启动"东北考古计划"，中国考古学家梁思永到赤峰英金河两岸及红山前展开考古调查，采集到一批石器和陶器。

1934 年春，梁思永整理当年采集的材料，发表了《热河查不干庙林西双井赤峰等处所采集之新石器时代石器与陶片》的考古报告。这是中国考古学者第一篇专论热河新石器时代遗存的报告。

1935 年，日本考古学家滨田耕作率队对赤峰红山后史前文化遗址进行调查发掘，获得玉器、陶器、石器、骨器等大量文物。

1938 年，滨田耕作、水野清一整理了在赤峰获得的材料，出版《赤峰红山后——热河省赤峰红山后先史遗迹》一书。赤峰红山后，指赤峰红山山后遗址。

1942-1943 年，凌源县（今凌源市）中学教师佟柱臣考察牛河梁遗址，多次复查红山后遗址，之后陆续发表了《凌源附近新石器时代遗址之调查》《凌源牛河梁彩陶遗址》《热河先史文化与赤峰红山》等文章。

1954 年，中国考古学家尹达接受梁思永的建议，在其著作《中国新石器时代》一书中，增加了"关于赤峰红山后的新石器时代遗址"一章，将这种考古学文化称为"红山文化"，正式为红山文化命名。《中国新石器时代》于 1955 年正式出版。

1973 年，发掘辽宁阜新市胡头沟墓地，发现玉器和陶筒形器等。

1975 年，中国考古学泰斗苏秉琦先生发表考古学文化区系类型论，动摇了日本学人几十年来形成的关于辽宁及赤峰考古学术论述的基础，"基本确立了见不到日本学人遗迹的……考古学文化分区及其序列与谱系""出现了质的变化"（中国考古学会前理事长张忠培语）。

1979 年，发掘辽宁凌源县（今凌源市）三官甸子城子山遗址（现编为牛河梁遗址第十三地点），发现重要墓葬和玉器等。

1979 年 5 月，发现东山嘴红山文化遗址，随后正式进行发掘。东山嘴红山文化遗址展示了红山文化的新面貌和新高度。

1981 年，发现牛河梁遗址，1983 年起开始正式发掘。牛河梁遗址坛庙冢礼仪建筑群和出土文物，使红山文化研究进入了全新的阶段。

1983 年 7 月 29 日下午，在辽宁朝阳召开"燕山南北、长城地带考古座谈会"，考古学家们对东山嘴遗址的惊人新发现进行讨论。红山文化研究自此焕然一新。

1986 年，苏秉琦先生首次提出红山文化与中华文明起源的关系。

1988 年，牛河梁遗址被国务院公布为第三批全国重点文物保护单位。

2001 年，东山嘴遗址被国务院公布为第五批全国重点文物保护单位。

2001 年，郭大顺著《龙出辽河源》出版。

2003 年，牛河梁遗址第十六地点的发掘被评为年度全国十大考古发现。

2004 年，《牛河梁遗址》出版。

2004 年，牛河梁遗址被国家文物局列入重点大遗址。

2005 年，郭大顺、张文彬著《红山文化》出版。张星德著《红山文化研究》出版。

2006 年，牛河梁遗址被国家文物局列入重设的《中国世界文化遗产预备名单》。

2007 年 7 月，"2007 中国·朝阳牛河梁红山玉文化国际论坛"举行，2008 年出版论坛论文集《古玉今韵》。

2008 年 5 月，在第三次全国文物普查中首次发现了魏家窝铺遗址。魏家窝铺遗址位于内蒙古赤峰市红山区文钟镇魏家窝铺村，属于新石器时代红山文化环壕聚落遗址。

2009 年 3 月，发现朝阳凌源市田家沟红山文化墓地群，同年进行考古发掘。

2009 年，发现朝阳半拉山红山文化墓地，2014-2016 年进行考古发掘。

2009 年 10 月，"苏秉琦先生百年诞辰暨牛河遗址发现 30 周年纪念大会"在朝阳召开，会后出版了《苏秉琦先生百年诞辰纪念文集》。

2010 年，《苏秉琦文集》出版。

2012 年，《牛河梁红山文化遗址发掘报告（1983-2003 年度)》出版。

2012 年 9 月，牛河梁遗址博物馆正式开馆。

2012 年，朝阳市牛河梁遗址与赤峰市红山后遗址、魏家窝铺遗址一起列入重设的《中国世界文化遗产预备名单》。

2012 年，辽宁省教育厅重大人文社会科学研究专项"牛河梁红山文化遗址巨型礼仪建筑群综合研究"批文下发，2015 年成果以著作形式出版。

2015 年 12 月，刘国祥著《红山文化研究》出版。

2017 年 10 月 1 日，喀左东山嘴遗址展示馆正式对外开放。

2017 年 3 月，辽宁省启动重大考古项目"大凌河中上游红山文化遗存考古调查"。

2017 年，重新启动红山文化遗址的考古发掘工作，重点为牛河梁遗址第一地点 2 号建筑址。

2018 年，复查辽宁省朝阳市建平县马鞍桥山遗址，发现该遗址为一红山文化早期大型聚落址。

2019-2022 年，发掘建平县马鞍桥山红山文化遗址。2021 年 11 月，该遗址被纳入"考古中国——红山社会文明化进程研究"项目。

2020 年 10 月，以牛河梁遗址第一地点 2 号建筑址为代表的牛河梁遗址考古发掘由科技部批复，列入国家文物局负责组织的第五期"中华文明探源工程"。

2022 年，郭明著《红山：中国文化的直根系》出版。

2023 年 7 月，国家文物局、中国日报社和中共辽宁省委宣传部主办"文化传承发展 探源中华文明"新时代大讲堂，展示辽宁在推动中华文明探源、世界文明起源研究等方面作出的积极贡献，推动红山文化申遗工作，加强对外宣传推介，提升红山文化的知名度和影响力。

参 考 文 献

[1] 辽宁省文物考古研究所：《牛河梁——红山文化遗址发掘报告（1983–2003 年度)》，文物出版社，2012 年。

[2] [日] 东亚考古学会著，戴岳曦、康英华译，李俊义、戴顺校注：《赤峰红山后——热河省赤峰红山后史前遗迹》，内蒙古大学出版社，2015 年。

[3] 刘国祥：《红山文化研究》，科学出版社，2015 年。

[4] 辽宁省文物考古研究所、朝阳市龙城区博物馆：辽宁朝阳市半拉山红山文化墓地的发掘，《考古》，2017 年第 2 期。

[5] 辽宁省文物考古研究所、朝阳市龙城区博物馆：辽宁朝阳市半拉山红山文化墓地，《考古》，2017 年第 7 期。

[6] 郭大顺：《红山文化》，文物出版社，2005 年。

[7] 辽宁省文物考古研究所：《牛河梁红山文化遗址与玉器精粹》，文物出版社，1997 年。

[8] 辽宁省文物考古研究所：《玉魂国魄——中国古代玉器与传统文化学术讨论会文集（四)》，浙江古籍出版社，2010 年。

[9] 雷广臻主编：《牛河梁红山文化遗址巨型礼仪建筑群综合研究》，科学出版社，2015 年。

[10] 冯时：《中国天文考古学》，中国社会科学出版社，2010 年。

[11] 刘国祥、于明：《名家论玉（一）——2008 绍兴"中国玉文化名家论坛"文集》，科学出版社，2009 年。

参
考
文
献

[12] 北京艺术博物馆：《时空穿越：红山文化出土玉器精品展》，北京出版集团公司美术摄影出版社，2012 年。

[13] 苏秉琦：《中国文明起源新探》，生活·读书·新知三联书店，1999 年。

[14] 苏秉琦：《苏秉琦文集》，文物出版社，2009 年。

[15] 刘瑞：《苏秉琦往来书信集》，社会科学文献出版社，2021 年。

[16] 郭大顺：《龙出辽河源》，百花文艺出版社，2001 年。

[17] 郭大顺：《追寻五帝》，辽宁人民出版社，2010 年。

[18] 郭大顺、张克举：《辽宁省喀左县东山嘴红山文化建筑群址发掘简报》，《文物》，1984 年第 11 期。

[19] 苏秉琦：《华人·龙的传人·中国人——考古寻根记》，辽宁大学出版社，1994 年。

后　记

　　红山文化是辽宁最亮丽的一张名片，是历史留给辽宁乃至中国人民的宝贵财富。辽宁朝阳地区以东山嘴、牛河梁遗址为代表的红山文化遗存，内涵丰富，对于研究中华文明起源和中国文化传统起源意义重大。然而以往红山文化图书多是专业性很强的著作或考古报告，没有专业知识背景的人读起来比较吃力，也缺乏兴趣。因此，编写出版一部介绍红山文化的普及读物十分必要。

　　2022年10月，辽宁省社科联下发了《关于委托编写出版红山文化普及读物工作任务的通知》，委托朝阳师专承办的辽宁省红山文化研究基地就牛河梁红山文化遗址已取得的考古学成果进行系统梳理，编辑出版融知识性、普及性、趣味性于一体，通俗易懂的红山文化普及读物。编写本书期间，省社科联石坚主席两次听取编写情况汇报，并阅读了全书书稿，提出了中肯的修改意见。省社科联其他领导同志也阅读了书稿，提出了改进意见。

　　本书由基地首席专家雷广臻教授负责全面统筹编写和绘图工作。董婕负责编写图片说明、梳理文字与搭配图片等工作，周阳阳负责组织美术创作。编委会为本书提供了组织保障和资金支持，朝阳师专党委书记王剑锋、党委副书记王丽颖和副校长宋志春、孙柏楠等都对本书的编写给予了指导和帮助。经过大家的共同努力，《红山古国　文明曙光》一书得以如期付梓。

　　本书在编写过程中采用了苏秉琦、郭大顺、孙守道等著名考古学家及其他学者的重要学术观点，参考了牛河梁、东山嘴、半拉山、田家沟等红山文化遗址的考古发掘报告和图片，引用了赵成文教授的女神复原图等各类资料，请原谅未能逐一列出，在此一并表示深深的感谢。如果涉及版权问题，请与我们联系，我们将及时处理。

　　本书多采用手绘图片而非照片的方式展现红山文化，不仅是出于普及读物的编写需要，也想通过手绘图片这种有温度的方式向以苏秉琦先生为代表的学界前辈致以最诚挚的敬意，感谢他们的辛苦付出和学术引领，使编者和读者有机会走进古老神秘的红山古国，沐浴五千年前华夏大地上的文明曙光。

　　本书得以付印，还要感谢沈阳出版社的领导和编辑的辛勤付出。对朝阳市铁路印务有限公司的领导、编辑和其他工作人员一并表示谢意！

编写组
2023 年 10 月